KB202883

잠언 읽고
잠언 쓰자

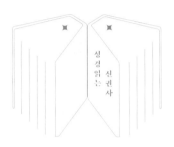

성경읽는 신권사

잠언 읽고
잠언 쓰자

성
경
읽
는
신
권
사

신은경 글

마음의숲

1. 유튜브 채널 '위드바이블'의 〈성경읽는 신권사〉 잠언 편을 들으며 하나님의 말씀을 마음속에 띠어놓습니다. 성경을 펴놓고 들어도 좋고, 녹음과 함께 나오는 성경 본문을 읽으며 들어도 좋습니다. 눈으로 글씨를, 귀로는 소리를 듣습니다.

2. 출퇴근 길에, 집 청소를 하며, 아침 명상 때, 밤에 잠이 오지 않을 때, 화가 치밀어 오르거나 짜증으로 가득 차 마음을 가라앉히고 싶을 때 성경 말씀을 들어보세요. 영상을 틀어놓고 듣기만 해도 하나님이 내 마음에 들어오시는 것을 느끼게 됩니다.

3. 내 마음을 오롯이 무언가에 쏟고 싶은 조용한 시간에 쓰면 좋습니다. 내 손에 익숙한 펜을 꺼내서 일단 써보세요. 한 절을 소리 내어 읽은 후 쓴다면 마음 밭에 잘 새겨집니다.

4. 한 장을 다 쓰고 나면 '말씀으로 익어가는 포도송이'의 포도알을 채웁니다. 매일, 혹은 일주일에 한 장 꾸준히 써나가며 마음밭에 심어진 포도나무 한 그루를 잘 길러보세요.

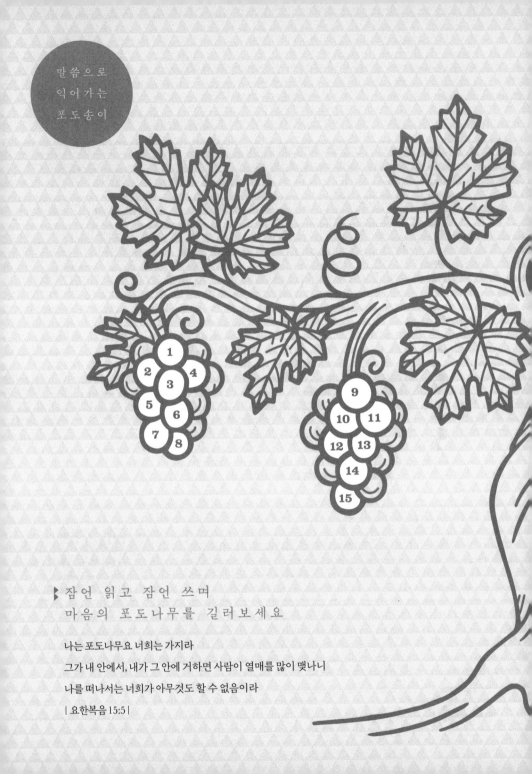

말씀으로
익어가는
포도송이

잠언 읽고 잠언 쓰며
마음의 포도나무를 길러보세요

나는 포도나무요 너희는 가지라

그가 내 안에서, 내가 그 안에 거하면 사람이 열매를 많이 맺나니

나를 떠나서는 너희가 아무것도 할 수 없음이라

| 요한복음 15:5 |

잠언이란 무엇일까요?

구약성경에 나오는 잠언은 히브리어로 '마샬(Mashal)', '경구'라는 의미가 있습니다. 속담, 격언, 금언, 비유란 뜻인데, 삶의 지혜를 짧고 비유적인 문장 안에 담아내고 있습니다.

잠언은 솔로몬의 시가서입니다. 아버지 다윗의 영적 부흥 운동의 영향과 그 배경이 큰 역할을 했다고 합니다. 솔로몬은 3천 편의 잠언과 1,005편의 노래를 지었습니다.(왕상 4:32) 그중 8백 편이 잠언에 수록되어 있습니다.

양진일의《구약성경, 책별로 만나다》에 따르면, 잠언의 저자는 솔로몬, 지혜 있는 자들, 아굴, 르무엘 왕의 어머니로 나뉘어 있습니다. 우리는 잠언을 가리켜 '지혜문학'이라 말합니다. '지혜문학'이란 비신앙인들도 이해할 수 있도록 비종교적인 언어로 신학적인 메시지를 전달하는 길을 쓴 것을 말합니다.(239쪽)

잠언의 내용은 삶의 지혜는 물론, 젊은이들에게 해주는 말을 비롯하여 가정, 교육, 자녀, 백성의 삶을 위한 하나님의 의로운 법 등의 주제들로 이루어져 있습니다. 연세대 김학철 교수는 말합니다. 성경은 나를 성찰해 볼 수 있는 거대한 거울이라고. 성경을 읽으면 하나님이 나를 어떻게 보시는지, 나는 누구인지를 알 수 있습니다. 시편 8편 4절에는 '사람이 무엇이기에…'라는 구절이 나옵니다. 이 보잘것없고, 나약하고, 잠깐 있다가 사라지는 유한한 존재인 사람을, 이렇게나 위대한 하나님이 사랑하시는 이유는 무엇일까요?

릭 워렌 목사의《목적이 이끄는 삶》에도 이런 이야기로 시작합니다. 제1장 'It's not about you'. 뭐 대단한 인생인 줄 알고 살지만 사실 우리 인간은 개미만 한 작고 부질없는 존재라는 겁니다. 그런데 제2장에서는 하나님은 그런 우리 인간을 만세전에 특별한 목적을 가지고 지으셔서 오늘날 바로 이곳에서 살며 일하게 하고 계신다는 겁니다. 아무것도 아닌 나를 이렇게 사랑하셔서 귀하게 쓰고 계신 하나님께 큰 영광을 드립니다.

잠언 필사를 결심하게 한 것은 바로 〈성경읽는 신권사〉의 잠언편의 조회수! 2018년 〈성경읽는 신권사〉의 녹음을 가장 먼저 시작한 부분이 바로 잠언이었습니다. 오랫동안 신앙생활을 했지만 성경에 대해 어려움을 가지고 있는 분들도 잠언은 쉽게 시작할 수 있는 책이며, 성경을 잘 모르는 분들에게도 다정하게 다가갈 수 있는 지혜의 내용으로 가득하기 때문입니다.

〈성경읽는 신권사〉 잠언편의 조회수는 가히 상상할 수 없을 만큼 대단했습니다. 어떻게 이렇게 많은 분이 저의 성경 낭독을 찾아 들어주셨을까요? 더 신기한 것은 이보다 3배로 더 긴 6시간에 걸친 시편 낭독 영상도 잠언과 거의 비슷하게 300만 회를 넘어섰다는 것입니다.

그런데 어느 날 저는 더 놀라운 일을 발견했습니다. 잠언 영상에는 1,400여 개의 댓글, 시편에는 1,200여 개의 댓글이 달려 있는데, 모두가 엄청난 축복과 감사의 말씀으로 가득했습니다. 저는 그때 느꼈습니다. 오늘 내가 하루하루 이렇게 하나님 은혜 가운데 잘살고 있는 것은, 아마도 이 많은 분의 축복과 격려 덕분이라는 걸요. 내 힘으로 살아내고 있는 줄 알았는데, 주님이 손잡아 주시고, 이렇게 많은 분이 응원하고 축복하며 밀어주시는 힘으로 견디고 앞으로 나아가고 있다는 것을요.

"눈이 침침해져서 이젠 안경 없이 성경책을 읽기 어려워졌는데, 이렇게 녹음해 주시니 얼마나 감사한지요."

"하나님께서 아름답게 쓰시는 권사님, 은사를 가장 적절한 곳에 사용하시니 하나님이 얼마나 흡족해하실까요."

"병상에 누워서 들어요" "출퇴근길에 들어요" "운전 중에 들어요" "새벽에 일하며 들어요" "산책하며 들어요" "목소리가 듣기 편안해요" "귀에 쏙쏙 들어와요" "은혜로워요" "고마워요. 축복합니다" 하고 칭찬해 주셨고요. 심지어, "평생 들을 거예요" "기독교인은 아니지만 맑은 목소리가 듣기 좋아 찾아 들어요" 하신 분도 계셨어요. 응원해 주신 모든 분께 정말 감사드립니다.

이 책에 수록된 저의 묵상글은 각 장의 잠언 본문과 특별한 연관은 없습니다. 그냥 독자의 귓가에 속삭이는, 세상 살아오며 느꼈던 저의 낮은 목소리입니다. 가볍게 읽으시고, '자, 그럼 한 장을 써보실까요?' 하고 권하는 저의 초대라 생각하시고 필사를 시작해 보시기 바랍니다.

저는 필사하기 전 꼭 손을 씻습니다. 펜을 잡는 손뿐만 아니라 마음을 정갈하게 만드는 데 도움이 되더라고요.

자, 이제 시작해보실까요?

차
례

죽고 사는 것이 혀의 힘에 달렸나니

혀를 쓰기 좋아하는 자는 혀의 열매를 먹으리라

| 잠언 18:21 |

▶ 잔소리하는 아내와 사느니
차라리 광야에 움막 짓고 살지

마른 떡 한 조각만 있고도 화목하는 것이
제육이 집에 가득하고도 다투는 것보다 나으니라

잠언 17장 1절에 나오는 말씀입니다. 얼마나 맞는 말인지요. 너무나 당연하고 공감하는 말인데 실천은 말처럼 쉽지가 않습니다, 우리는 제육(돈)을 벌기 위해 많은 시간을 밖에서 보내고, 너무나 사랑해서 서로 지적하고, 내 맘에 안 드는 상대를 고치려 들고, 그러다 보니 다투게 됩니다. 가진 것을 세어 보고 감사하기보다는 남과 비교하며 나의 부족한 부분을 채우려 전전긍긍합니다.

말의 중요성을 연구하며 《홀리 스피치》라는 책을 쓸 때였습니다. 말에 관한 귀한 말씀이 많이 들어있는 잠언을 찬찬히 읽게 되었습니다. 그때까지만 해도 성경에는 아름다운 말, 성스러운 말, 밑줄 치고 외우고 싶은 말씀만 있는 줄 알았습니다.

그런데 잠언 21장 9절에 이런 구절이 있었습니다. '다투는 여인

과 함께 큰 집에서 사는 것보다 움막에서 사는 것이 나으니라.'

어라? 그런데 같은 내용의 글이 21장 19절에 또 나오는 것이었습니다. '다투며 성내는 여인과 함께 사는 것보다 광야에서 사는 것이 나으리라.'

25장 24절에도 또 나옵니다. '다투는 여인과 함께 큰 집에서 사는 것보다 움막에서 혼자 사는 것이 나으니라.'

다투는 여인과 함께 큰 집에서 사는 것보다 움막에서 사는 것이 낫다네요. 다투며 성내는 여인과 함께 사는 것보다 광야에서 사는 것이 낫다네요. 다투는 여인과 함께 큰 집에서 사는 것보다 움막에서 혼자 사는 것이 낫다네요.

하! 참… 놀라웠어요. 사실 아내가 하는 말 중에 틀리는 말이 있나요? 양약이 되는 말을 하지요. 들어서 손해날 말 하나 없습니다. 그런데 정작 그 말을 듣는 남편은 그렇게 받아들이질 않기 마련입니다. 아무리 좋은 말도 적절한 때와 장소를 가리지 않고, 말하는 투가 듣기 싫은 톤으로 나가면, 듣는 사람에겐 그게 다 잔소리요, 바가지로 들린다는 겁니다. 담배 끊어라. 술 좀 그만 마셔라. 집에 일찍 들어와라. 핸드폰 좀 그만 봐라.

결혼식 때 주례 선생님은 말씀하십니다. '서로 사랑하라.' 그런데 책에 보니 그게 아니더군요. 남자는 여자를 사랑하고 여자는 남자를 존경해야 한다는 겁니다. 남편은 아내를 사랑하고 아내는 남편을 존경해야 한다는 겁니다. 왜냐하면 남자는 자신을 존경해 주는 여자를 사랑할 수 있고, 여자는 자신을 사랑해 주는 남자를

존경할 수 있다고 합니다. 하나님이 인간을 창조하실 때 그 속엔 큰 비밀이 숨어있었습니다. '너는 나다!'

하나님은 진흙 두 덩어리로 남자와 여자를 만드실 수도 있으셨습니다. 그런데 먼저 흙으로 남자, 아담을 만드시고 만물에 이름을 지어 본질 규명을 하게 하신 후 아담이 만물을 다스리도록 허락하셨습니다. 그리고 독처하는 것이 좋지 않다는 것을 알게 하시고 그가 잠든 사이 갈비뼈를 취해 아내 하와를 만드십니다.

아담은 자신 앞으로 걸어오는 여인을 보고 '내 뼈 중에 뼈요 내 살 중에 살'인 것을 뼈저리게 느낍니다. 그 앞에 여인은 바로 자기 자신이었던 것이죠. 자신의 생명이었던 것입니다. 그것을 아는 아담은 비로소 아내 하와와 연합하여 가정을 만들어나갑니다.

여인은 자신의 본체인 아담의 권위를 존중하고 아담은 자신의 분신인 하와를 자기 몸처럼 사랑하는 것이 바로 창조의 원리였던 것이지요.

1장

솔로몬의 잠언

1 다윗의 아들 이스라엘 왕 솔로몬의 잠언이라

2 이는 지혜와 훈계를 알게 하며 명철의 말씀을 깨닫게 하며

3 지혜롭게, 공의롭게, 정의롭게, 정직하게 행할 일에 대하여 훈계를 받게 하며

4 어리석은 자를 슬기롭게 하며 젊은 자에게 지식과 근신함을 주기 위한 것이니

5 지혜 있는 자는 듣고 학식이 더할 것이요 명철한 자는 지략을 얻을 것이라

6 잠언과 비유와 지혜 있는 자의 말과 그 오묘한 말을 깨달으리라

젊은이에게 주는 교훈

7 여호와를 경외하는 것이 지식의 근본이거늘 미련한 자는 지혜와 훈계를 멸시하느니라

8 내 아들아 네 아비의 훈계를 들으며 네 어미의 법을 떠나지 말라

9 이는 네 머리의 아름다운 관이요 네 목의 금 사슬이니라

10 내 아들아 악한 자가 너를 꾈지라도 따르지 말라

11 그들이 네게 말하기를 우리와 함께 가자 우리가 가만히 엎드렸다가 사람의 피를 흘리자 죄 없는 자를 까닭 없이 숨어 기다리다가

12 스올 같이 그들을 산 채로 삼키며 무덤에 내려가는 자들 같이 통으로 삼키자

13 우리가 온갖 보화를 얻으며 빼앗은 것으로 우리 집을 채우리니

14 너는 우리와 함께 제비를 뽑고 우리가 함께 전대 하나만 두자 할지라도

15 내 아들아 그들과 함께 길에 다니지 말라 네 발을 금하여 그 길을 밟지 말라

16 대저 그 발은 악으로 달려가며 피를 흘리는 데 빠름이니라

17 새가 보는 데서 그물을 치면 헛일이겠거늘

18 그들이 가만히 엎드림은 자기의 피를 흘릴 뿐이요 숨어 기다림은 자기의 생명을 해할 뿐이니

19 이익을 탐하는 모든 자의 길은 다 이러하여 자기의 생명을 잃게 하느니라

지혜가 부른다

20 지혜가 길거리에서 부르며 광장에서 소리를 높이며

21 시끄러운 길목에서 소리를 지르며 성문 어귀와 성중에서 그 소리를 발하여 이르되

잠언 읽고
———
잠언 쓰자

22 너희 어리석은 자들은 어리석음을 좋아하며 거만한 자들은 거만을 기뻐하며 미련한 자들은 지식을 미워하니 어느 때까지 하겠느냐

23 나의 책망을 듣고 돌이키라 보라 내가 나의 영을 너희에게 부어 주며 내 말을 너희에게 보이리라

24 내가 불렀으나 너희가 듣기 싫어하였고 내가 손을 폈으나 돌아보는 자가 없었고

25 도리어 나의 모든 교훈을 멸시하며 나의 책망을 받지 아니하였은즉

26 너희가 재앙을 만날 때에 내가 웃을 것이며 너희에게 두려움이 임할 때에 내가 비웃으리라

27 너희의 두려움이 광풍 같이 임하겠고 너희의 재앙이 폭풍 같이 이르겠고 너희에게 근심과 슬픔이 임하리니

28 그 때에 너희가 나를 부르리라 그래도 내가 대답하지 아니하겠고 부지런히 나를 찾으리라 그래도 나를 만나지 못하리니

29 대저 너희가 지식을 미워하며 여호와 경외하기를 즐거워하지 아니하며

30 나의 교훈을 받지 아니하고 나의 모든 책망을 업신여겼음이니라

31 그러므로 자기 행위의 열매를 먹으며 자기 꾀에 배부르리라

32 어리석은 자의 퇴보는 자기를 죽이며 미련한 자의 안일은 자기를 멸망시키려니와

33 오직 내 말을 듣는 자는 평안히 살며 재앙의 두려움이 없이 안전하리라

잠언 읽고
———
잠언 쓰자

▶ 하루에 한 번
자녀를 축복하라

저는 삼십 대 후반 늦은 나이에 결혼하고 아이를 낳았습니다. 막연하게 언젠가 결혼하면 당연히 아이를 낳을 것으로 생각하다가 막상 결혼하고 일 년이 지나니 내가 정말 아이를 낳을 수 있을까 하는 걱정이 들었습니다. 어쩌면 두려움이었을지도 모릅니다.

기도했습니다. 하나님 제게도 아기를 허락해 주시겠어요? 그리고 그 기도에 응답을 받았습니다. 그 여름 아기가 생겼고 다음 해 봄에 딸을 낳았습니다. 예정보다 일주일이나 지나 아기가 무척 커졌고, 자연분만을 하려고 열 시간 넘게 진통 끝에 결국 제왕절개로 4kg 우량아를 낳았습니다. 이미 머리털이 수북이 자랐더군요. 20대 후반이 된 지금은 174cm까지 자랐습니다.

귀한 아기를 품었지만, 정치하는 남편 뒷바라지로 갈 곳 안 갈 곳을 가릴 처지도 안 되었고, 편히 쉬며 태교를 할 상황도 아니었습니다. 날이면 날마다 초상집 문상도 다녀야 했고, 행사가 줄줄이 있었습니다. 그때마다 아기에게

"아가야, 너의 엄마 아빠는 이 지역에 계신 분들과 기쁜 일, 슬픈 일을 함께 하는 사람이야. 슬픈 일을 당하신 분들을 위로하러 가니 엄마 손 꼭 잡아!"

라고 말하며 남산만 하게 부른 배를 안고 초상집도 씩씩하게 갔습니다. 대보름 행사에 참석해야 하는 날에는 정말 울고 싶기도 했지요. 엘리베이터도 없는 주민센터 건물 4층 꼭대기에서 행사를 하기 때문에 만삭의 몸으로 계단을 올라가야 했거든요.

다행히 아기는 건강하게 태어났습니다. 귀한 아이를 만났지만, 저는 늘 바깥일로 바빠 아이는 친정어머니 손에 자랐습니다. 늘 미안한 마음이었죠. 그러나 엄마로서 다른 건 못 해줘도 잘한 일이라면 두 가지를 들 수 있습니다.

그 하나는 '나는 책으로 승부를 걸어 보겠다'라는 결심을 한 것입니다. 동네 어린이 도서관에서 그림책을 열 권씩 빌려다가 아이와 함께 읽었습니다. 그리고 읽는 책의 제목을 기록했습니다. 논문 쓸 때 참고문헌 쓰는 방법으로 기록했습니다. 저자, 연도, 책 제목, 출판사 이렇게요.

다른 한 가지는 《하루에 한 번 자녀를 축복하라》라는 랄프 가복 박사의 책을 읽고는 매일 아이의 머리에 손을 얹고 축복기도를 해준 것입니다. 민수기 6장 24~26절을 보면 여호와 하나님께서 두고두고 오는 후손들을 축복하기 위한 제사장의 기도를 모세 선생님에게 가르쳐 주십니다. 여기에 아이의 이름을 넣어 기도했습니다. 처음엔 잘 못 외우니 카드에 써서 읽었지만, 점차 입에 익숙

해져 보지 않고도 기도할 수 있게 되었습니다.

어느 날 이 어른 엄마도 세상일에 지쳐 너무나 곤고하여 아이에게 부탁했습니다.

"엄마 기도 좀 해줄래?"

아이가 작은 손을 엄마 머리에 얹고 기도를 합니다.

"여호와는 엄마에게 복을 주시고 엄마를 지키시기를 원하며 여호와는 그 얼굴을 엄마에게 비추사 은혜 주시기를 원하며 여호와는 그 얼굴을 엄마에게 향하여 드사 평강 주시기를 원하옵나이다."

그 순간, 조그만 아이의 기도에 이 어른 엄마는 목이 메고 눈물이 났습니다. 여호와 하나님이 복 주시고 지키신다는데, 은혜 주시고 평강을 주신다는데 무슨 걱정이 있겠습니까. 어른인 엄마도 이렇게 은혜로운데, 이 기도를 날마다 듣고 잠드는 아이는 파도치는 바다 한가운데 같은 인생을 살면서도 안전하고 평안하게 삶을 살아갈 수 있을 겁니다.

2장

지혜가 주는 유익

1   내 아들아 네가 만일 나의 말을 받으며 나의 계명을 네게 간직하며

2   네 귀를 지혜에 기울이며 네 마음을 명철에 두며

3   지식을 불러 구하며 명철을 얻으려고 소리를 높이며

4   은을 구하는 것 같이 그것을 구하며 감추어진 보배를 찾는 것 같이 그것을 찾으면

5   여호와 경외하기를 깨달으며 하나님을 알게 되리니

6   대저 여호와는 지혜를 주시며 지식과 명철을 그 입에서 내심이며

7   그는 정직한 자를 위하여 완전한 지혜를 예비하시며 행실이 온전한 자에게 방패가 되시나니

8   대저 그는 정의의 길을 보호하시며 그의 성도들의 길을 보전하려 하심이니라

9   그런즉 네가 공의와 정의와 정직 곧 모든 선한 길을 깨달을 것이라

10   곧 지혜가 네 마음에 들어가며 지식이 네 영혼을 즐겁게 할 것이요

11   근신이 너를 지키며 명철이 너를 보호하여

12   악한 자의 길과 패역을 말하는 자에게서 건져 내리라

13   이 무리는 정직한 길을 떠나 어두운 길로 행하며

14 행악하기를 기뻐하며 악인의 패역을 즐거워하나니

15 그 길은 구부러지고 그 행위는 패역하니라

16 지혜가 또 너를 음녀에게서, 말로 호리는 이방 계집에게서 구원하리니

17 그는 젊은 시절의 짝을 버리며 그의 하나님의 언약을 잊어버린 자라

18 그의 집은 사망으로, 그의 길은 스올로 기울어졌나니

19 누구든지 그에게로 가는 자는 돌아오지 못하며 또 생명 길을 얻지 못하느니라

20 지혜가 너를 선한 자의 길로 행하게 하며 또 의인의 길을 지키게 하리니

21 대저 정직한 자는 땅에 거하며 완전한 자는 땅에 남아 있으리라

22 그러나 악인은 땅에서 끊어지겠고 간사한 자는 땅에서 뽑히리라

잠언 읽고
———
잠언 쓰자

너는
왜 그러니?

우리는 저 바다 건너 미국 대통령 때문에 애태우는 경우는 없습니다. 저기 멀리 제주도에 사는 다른 가정의 자녀 일로 속 끓는 경우도 없습니다. 바로 내 집, 내 가족, 내가 가장 사랑해야 할, 내 배우자와 내 자녀, 내 시댁 식구들 때문에 늘 끌탕입니다.

20년, 30년 오랫동안 같이 살아도 내 마음을 이해해 주지 않는 배우자 때문에 속이 상한 적이 얼마나 많았습니까? 그럴 때 입을 열어 불같은 마음을 즉시 토해내면 그날은 작은 일로 시작해 큰 싸움이 되는 날입니다. 그럴 땐 일단 입을 다무세요. 그리고 눈을 감고 기도하세요. 예수님께 일러바치는 거지요.

'주님, 저 사람은… 어쩌면 제 맘을 이리도 몰라줄까요?'하고 말이죠. 이럴 땐 기도 응답이 빨리 오더군요.

"넌 왜 그러냐?"

3장

젊은이에게 주는 교훈

1 내 아들아 나의 법을 잊어버리지 말고 네 마음으로 나의 명령을 지키라

2 그리하면 그것이 네가 장수하여 많은 해를 누리게 하며 평강을 더하게 하리라

3 인자와 진리가 네게서 떠나지 말게 하고 그것을 네 목에 매며 네 마음판에 새기라

4 그리하면 네가 하나님과 사람 앞에서 은총과 귀중히 여김을 받으리라

5 너는 마음을 다하여 여호와를 신뢰하고 네 명철을 의지하지 말라

6 너는 범사에 그를 인정하라 그리하면 네 길을 지도하시리라

7 스스로 지혜롭게 여기지 말지어다 여호와를 경외하며 악을 떠날지어다

8 이것이 네 몸에 양약이 되어 네 골수를 윤택하게 하리라

9 네 재물과 네 소산물의 처음 익은 열매로 여호와를 공경하라

10 그리하면 네 창고가 가득히 차고 네 포도즙 틀에 새 포도즙이 넘치리라

11 내 아들아 여호와의 징계를 경히 여기지 말라 그 꾸지람을 싫어하지 말라

12 대저 여호와께서 그 사랑하시는 자를 징계하시기를 마치 아비가 그 기뻐하는 아들을 징계함 같이 하시느니라

잠언 읽고
잠언 쓰자

13 지혜를 얻은 자와 명철을 얻은 자는 복이 있나니

14 이는 지혜를 얻는 것이 은을 얻는 것보다 낫고 그 이익이 정금보다 나음이니라

15 지혜는 진주보다 귀하니 네가 사모하는 모든 것으로도 이에 비교할 수 없도다

16 그의 오른손에는 장수가 있고 그의 왼손에는 부귀가 있나니

17 그 길은 즐거운 길이요 그의 지름길은 다 평강이니라

18 지혜는 그 얻은 자에게 생명 나무라 지혜를 가진 자는 복되도다

19 여호와께서는 지혜로 땅에 터를 놓으셨으며 명철로 하늘을 견고히 세우셨고

20 그의 지식으로 깊은 바다를 갈라지게 하셨으며 공중에서 이슬이 내리게 하셨느니라

21 내 아들아 완전한 지혜와 근신을 지키고 이것들이 네 눈 앞에서 떠나지 말게 하라

22 그리하면 그것이 네 영혼의 생명이 되며 네 목에 장식이 되리니

23 네가 네 길을 평안히 행하겠고 네 발이 거치지 아니하겠으며

24 네가 누울 때에 두려워하지 아니하겠고 네가 누운즉 네 잠이 달리로다

25 너는 갑작스러운 두려움도 악인에게 닥치는 멸망도 두려워하지 말라

잠언 읽고
———
잠언 쓰자

26 대저 여호와는 네가 의지할 이시니라 네 발을 지켜 걸리지 않게 하시리라

27 네 손이 선을 베풀 힘이 있거든 마땅히 받을 자에게 베풀기를 아끼지 말며

28 네게 있거든 이웃에게 이르기를 갔다가 다시 오라 내일 주겠노라 하지 말며

29 네 이웃이 네 곁에서 평안히 살거든 그를 해하려고 꾀하지 말며

30 사람이 네게 악을 행하지 아니하였거든 까닭 없이 더불어 다투지 말며

31 포학한 자를 부러워하지 말며 그의 어떤 행위도 따르지 말라

32 대저 패역한 자는 여호와께서 미워하시나 정직한 자에게는 그의 교통하심이 있으며

33 악인의 집에는 여호와의 저주가 있거니와 의인의 집에는 복이 있느니라

34 진실로 그는 거만한 자를 비웃으시며 겸손한 자에게 은혜를 베푸시나니

35 지혜로운 자는 영광을 기업으로 받거니와 미련한 자의 영달함은 수치가 되느니라

가정 ▶ 당신 살 뺄 데가
어딨어

기왕이면 듣기 좋은 말이 좋습니다. 가정에서는 꼭 진실만을 말해
야 할 필요가 없을 때도 있습니다.

체중이 자꾸 불어나 주체를 할 수 없을 때가 있었습니다. 그런
데 밥은 또 얼마나 맛있는지, 어느 날 식탁에서 맛있게 식사를 하
며 조금 민망한 생각이 들어 혼잣말처럼 말했습니다.

"나 그만 먹어야 하는데… 살 빼야 하는데……."

그러나 내 앞의 룸메이트의 입에서 이런 말이 나왔습니다.

"당신 살 뺄 데가 어딨어?"

뭐라고요? 갑자기 저의 얼굴이 차가운 시베리아 벌판처럼 얼
어붙었습니다. 누가 들어도 사실을 사실대로 말한 것이 아니었기
때문입니다.

정치하는 남편 뒷바라지로 동창 모임에 자꾸 불참하게 되자,
친구들이 이렇게 말했던 적이 있었습니다.

"너 그렇게 남편한테 헌신하다가는 나중에 헌신짝 된다!"

어찌 된 것인지 그때 말했던 친구가 농담처럼 퍼부었던 저주(?)의 말이 귓가에 들리는 듯했습니다.

'어머나, 이제 남편이 나를 놀리는구나. 진짜 헌신짝 되는 순간인가?'

그러자 남편은 그런 나의 표정을 읽었는지, 급히 몇 가지 말을 덧붙입니다.

"아니, 남편 뒷바라지도 하고, 아이도 키우고. 그러려면 몸매가 당신 정도는 돼야지."

그러면서 다시 한번 덧붙입니다.

"당신 살 뺄 데가 어디 있어?"

그 때 저는 아주 중요한 사실을 깨달았습니다.

'그래, 말은 이렇게 하는 거지.'

사실 남편이 진실을, 한 치의 거짓 없는 진실을 말한다면 제가 기뻤을까요? '그래, 알긴 잘 아시네, 이제 좀 그만 드셔'라고 했다면 제가 과연 기분이 좋았을까요? 그 말에 '맞아요. 그만 먹을게요' 했을까요? 아니죠. '아니, 내가 이렇게 살이 찐 게 누구 때문인데. 선거 때마다 주민들이 주시는 맛있는 거 다 받아먹다 보니 이렇게 되었는데, 인제 와서 뭐라구요?' 하면서 화가 나서 더 많이 꾸역꾸역 먹었을 겁니다.

그래요, 말은 이렇게 하는 거예요. 말이라도 이렇게 예쁘게 해주는 남편이 고마웠습니다. 사실 그의 맘속에는 제가 진짜 살 뺄 곳이 없다고 느꼈는지 누가 알겠습니까? (아니면 말고)

지혜와 명철을 얻으라

1 아들들아 아비의 훈계를 들으며 명철을 얻기에 주의하라

2 내가 선한 도리를 너희에게 전하노니 내 법을 떠나지 말라

3 나도 내 아버지에게 아들이었으며 내 어머니 보기에 유약한 외아들 이었노라

4 아버지가 내게 가르쳐 이르기를 내 말을 네 마음에 두라 내 명령을 지키라 그리하면 살리라

5 지혜를 얻으며 명철을 얻으라 내 입의 말을 잊지 말며 어기지 말라

6 지혜를 버리지 말라 그가 너를 보호하리라 그를 사랑하라 그가 너를 지키리라

7 지혜가 제일이니 지혜를 얻으라 네가 얻은 모든 것을 가지고 명철을 얻을지니라

8 그를 높이라 그리하면 그가 너를 높이 들리라 만일 그를 품으면 그가 너를 영화롭게 하리라

9 그가 아름다운 관을 네 머리에 두겠고 영화로운 면류관을 네게 주리라 하셨느니라

10 내 아들아 들으라 내 말을 받으라 그리하면 네 생명의 해가 길리라

11 내가 지혜로운 길을 네게 가르쳤으며 정직한 길로 너를 인도하였
은즉

12 다닐 때에 네 걸음이 곤고하지 아니하겠고 달려갈 때에 실족하지 아
니하리라

13 훈계를 굳게 잡아 놓치지 말고 지키라 이것이 네 생명이니라

14 사악한 자의 길에 들어가지 말며 악인의 길로 다니지 말지어다

15 그의 길을 피하고 지나가지 말며 돌이켜 떠나갈지어다

16 그들은 악을 행하지 못하면 자지 못하며 사람을 넘어뜨리지 못하면
잠이 오지 아니하며

17 불의의 떡을 먹으며 강포의 술을 마심이니라

18 의인의 길은 돋는 햇살 같아서 크게 빛나 한낮의 광명에 이르거니와

19 악인의 길은 어둠 같아서 그가 걸려 넘어져도 그것이 무엇인지 깨닫
지 못하느니라

20 내 아들아 내 말에 주의하며 내가 말하는 것에 네 귀를 기울이라

21 그것을 네 눈에서 떠나게 하지 말며 네 마음 속에 지키라

22 그것은 얻는 자에게 생명이 되며 그의 온 육체의 건강이 됨이니라

23 모든 지킬 만한 것 중에 더욱 네 마음을 지키라 생명의 근원이 이에
서 남이니라

잠언 읽고
잠언 쓰자

24 구부러진 말을 네 입에서 버리며 비뚤어진 말을 네 입술에서 멀리 하라

25 네 눈은 바로 보며 네 눈꺼풀은 네 앞을 곧게 살펴

26 네 발이 행할 길을 평탄하게 하며 네 모든 길을 든든히 하라

27 좌로나 우로나 치우치지 말고 네 발을 악에서 떠나게 하라

우리가 입으로 할 수 있는 최고의 말은 감사라고 생각합니다. 감사는 내 삶의 기적입니다. 하루에 세 가지 혹은 다섯 가지씩 감사한 것을 적어보세요. 삶에 기적이 일어날 것입니다. 미국에서 유명한 토크쇼 프로그램 〈오프라 윈프리 쇼〉의 사회자 오프라 윈프리도 감사 대장입니다. '오늘 맛있는 스파게티를 만들어 준 셰프에게 감사, 좋은 책을 써준 작가에게 감사' 이렇게 말이지요.

감사는 세 가지로 합니다. 작은 일에도 감사, 감사할 수 없는 일에도 감사. 그리고 앞으로 일어날 일에도 미리 감사하는 것입니다. 작은 일에도 감사하면 하루에도 감사할 것이 넘치도록 많습니다. 감사할 수 없는 것에도 감사하는 것은 쉬운 일이 아닙니다. 그러나 '장미꽃도 감사, 장미꽃 가시도 감사'라고 하잖아요. 지나고 나면 고난과 시련도 내게 양약이었던 것을 알게 될 때가 얼마나 많은지요. 그리고 어렵고 부담스러운 일을 앞두고 있을 땐 미리 감사해 보세요. 감사한 대로 정말 훌륭하게 형통하는 경우가 많을 것입니다. 그리고 언젠가 한 번 배우자나 자녀에게 감사했던 일을 자세하게 백 가지 써보시기를 권해드립니다. 저도 몇 년 전 제 딸과 남편에게 '100감사'를 쓴 적이 있었습니다.

★ 한 시간만 더 자라고 말씀해 주셔서 고마워요.
★ 콩나물밥 맛있게 만들어 주어서 감사해요.
★ 장모님 돌아가셨을 때 장례식을 정성껏 성대하게 치러주셔서 온 마음으로 감사해요.

이렇게 '100감사'를 쓰다 보니 놀라운 생각이 마음에 가득했습니다. 쓰기 시작했을 때는 무엇무엇 때문에 감사하다 했는데, 마쳐갈 즈음에는 이렇게 마무리하게 되었습니다.

★ 그냥 내 곁에 있어 주는 것만으로도 무한 감사해요.

그럼 어떻게 '100감사'를 쓰는지 팁을 드릴게요. 예를 들어 자녀에게 '100감사'를 쓴다고 해 볼게요.

먼저 넷으로 나눕니다.

첫 번째 4분의 1(1~25)은 아이가 태어났을 때 감사를 씁니다. 두 번째 부분(26~50)엔 자녀가 학교를 가고 한참 자랄 때 감사했던 일을 씁니다. 세 번째(51~75)에는 현재 감사한 일들을 적습니다. 그리고 마지막(76~100)에는 앞으로 다가올 일에 대한 것들을 미리 보며 감사하는 것입니다. 여기엔 평소에 부모가 바라는 것, 기도하고 있는 것, 소망, 그런 것들을 미리 보며 감사하다고 씁니다.

자꾸 눈앞에서 말하면 잔소리같이 들릴 이야기일 수도 있겠지만, 이런 형식을 빌려 미리 감사 부분에 써 내려가면 기도가 되고, 소망이 되고, 비전이 됩니다.

5장

사지와 스올로 가지 말라

1 　내 아들아 내 지혜에 주의하며 내 명철에 네 귀를 기울여서

2 　근신을 지키며 네 입술로 지식을 지키도록 하라

3 　대저 음녀의 입술은 꿀을 떨어뜨리며 그의 입은 기름보다 미끄러우나

4 　나중은 쑥 같이 쓰고 두 날 가진 칼 같이 날카로우며

5 　그의 발은 사지로 내려가며 그의 걸음은 스올로 나아가나니

6 　그는 생명의 평탄한 길을 찾지 못하며 자기 길이 든든하지 못하여도 그것을 깨닫지 못하느니라

7 　그런즉 아들들아 나에게 들으며 내 입의 말을 버리지 말고

8 　네 길을 그에게서 멀리 하라 그의 집 문에도 가까이 가지 말라

9 　두렵건대 네 존영이 남에게 잃어버리게 되며 네 수한이 잔인한 자에게 빼앗기게 될까 하노라

10 　두렵건대 타인이 네 재물로 충족하게 되며 네 수고한 것이 외인의 집에 있게 될까 하노라

11 　두렵건대 마지막에 이르러 네 몸, 네 육체가 쇠약할 때에 네가 한탄하여

12 　말하기를 내가 어찌하여 훈계를 싫어하며 내 마음이 꾸지람을 가벼이 여기고

잠언 읽고
———
잠언 쓰자

13 내 선생의 목소리를 청종하지 아니하며 나를 가르치는 이에게 귀를 기울이지 아니하였던고

14 많은 무리들이 모인 중에서 큰 악에 빠지게 되었노라 하게 될까 염려하노라

15 너는 네 우물에서 물을 마시며 네 샘에서 흐르는 물을 마시라

16 어찌하여 네 샘물을 집 밖으로 넘치게 하며 네 도랑물을 거리로 흘러가게 하겠느냐

17 그 물이 네게만 있게 하고 타인과 더불어 그것을 나누지 말라

18 네 샘으로 복되게 하라 네가 젊어서 취한 아내를 즐거워하라

19 그는 사랑스러운 암사슴 같고 아름다운 암노루 같으니 너는 그의 품을 항상 족하게 여기며 그의 사랑을 항상 연모하라

20 내 아들아 어찌하여 음녀를 연모하겠으며 어찌하여 이방 계집의 가슴을 안겠느냐

21 대저 사람의 길은 여호와의 눈 앞에 있나니 그가 그 사람의 모든 길을 평탄하게 하시느니라

22 악인은 자기의 악에 걸리며 그 죄의 줄에 매이나니

23 그는 훈계를 받지 아니함으로 말미암아 죽겠고 심히 미련함으로 말미암아 혼미하게 되느니라

잠언 읽고
잠언 쓰자

▶ 작은 풀이어도
괜찮아

고등학교 3학년 때였습니다. 공부는 잘하고 싶었지만 공부가 그리 호락호락하지 않았습니다. 공부를 잘하지 못하면 좋은 대학에 갈 수 없고, 좋은 대학에 가지 못하면 원하는 일을 하며 세상에 이름을 알릴 수 없다고 생각했습니다.

누구는 유명한 피아니스트가 되어 온 나라를 떠들썩하게 하고 유명한 과학자가 되어 세상을 놀라게 하는데, 나는 이 세상 한구석에서 이렇게 찌질하게 살다 가는 건가, 하는 생각이 들어 한없이 작아졌습니다. 그래도 어쩌겠어요. 공부는 해야 하니, 책을 펴 들었습니다. 영어 참고서였어요. 그때 눈에 번쩍 뜨이는 글을 읽게 되었습니다. 독해 연습문제였는데, 대략 이런 내용이었던 것으로 기억합니다.

'당신이 큰 나무여도 좋겠지만 작은 풀이라도 너무 슬퍼하지 말라. 이 세상은 아름드리 큰 나무뿐만 아니라 수십만의 풀로 이루어졌다.'

그 순간 얼마나 감동했는지 눈물이 났습니다. 그래, 작은 이파리여도 괜찮다네. 꼭 아름드리 거목이 아니어도, 이름 없는 작은 풀이어도 이 세상의 한 부분이고 그 의미가 있는 거라잖아. 끝없이 자존감이 떨어지고 좌절했던 그때 그 몇 줄의 문장은 나를 살렸습니다. 이름 없는 작은 풀도 소중한 존재라는 사실을 왜 학교에서는 가르쳐 주지 않았을까요?

이어령 선생님이 말씀하셨어요. '넘버 원(Number One)이 되기보다 온리 원(Only One)이 되어라. 우리나라 교육은 360명을 한 방향으로 뛰게 해서 1등, 2등, 꼴등을 매긴다. 그러나 모두 각기 다른 방향으로 달리면 자기 분야에서 각각 1등을 할 수 있다. 그 분야의 Only One이 되는 것이다'라고요. 세상은 많이 달라져 여러 분야에서 각각 달리는 유일한 인재들이 많아졌습니다. 새순처럼 자라나는 다음 세대를 좀 더 격려해 주고 응원해 줍시다.

6장

실제적 교훈

1 내 아들아 네가 만일 이웃을 위하여 담보하며 타인을 위하여 보증하였으면

2 네 입의 말로 네가 얽혔으며 네 입의 말로 인하여 잡히게 되었느니라

3 내 아들아 네가 네 이웃의 손에 빠졌은즉 이같이 하라 너는 곧 가서 겸손히 네 이웃에게 간구하여 스스로 구원하되

4 네 눈을 잠들게 하지 말며 눈꺼풀을 감기게 하지 말고

5 노루가 사냥꾼의 손에서 벗어나는 것 같이, 새가 그물 치는 자의 손에서 벗어나는 것 같이 스스로 구원하라

6 게으른 자여 개미에게 가서 그가 하는 것을 보고 지혜를 얻으라

7 개미는 두령도 없고 감독자도 없고 통치자도 없으되

8 먹을 것을 여름 동안에 예비하며 추수 때에 양식을 모으느니라

9 게으른 자여 네가 어느 때까지 누워 있겠느냐 네가 어느 때에 잠이 깨어 일어나겠느냐

10 좀더 자자, 좀더 졸자, 손을 모으고 좀더 누워 있자 하면

11 네 빈궁이 강도 같이 오며 네 곤핍이 군사 같이 이르리라

12 불량하고 악한 자는 구부러진 말을 하고 다니며

잠언 읽고
잠언 쓰자

13 눈짓을 하며 발로 뜻을 보이며 손가락질을 하며

14 그의 마음에 패역을 품으며 항상 악을 꾀하여 다툼을 일으키는 자라

15 그러므로 그의 재앙이 갑자기 내려 당장에 멸망하여 살릴 길이 없으리라

16 여호와께서 미워하시는 것 곧 그의 마음에 싫어하시는 것이 예닐곱 가지이니

17 곧 교만한 눈과 거짓된 혀와 무죄한 자의 피를 흘리는 손과

18 악한 계교를 꾀하는 마음과 빨리 악으로 달려가는 발과

19 거짓을 말하는 망령된 증인과 및 형제 사이를 이간하는 자이니라

훈계와 명령

20 내 아들아 네 아비의 명령을 지키며 네 어미의 법을 떠나지 말고

21 그것을 항상 네 마음에 새기며 네 목에 매라

22 그것이 네가 다닐 때에 너를 인도하며 네가 잘 때에 너를 보호하며 네가 깰 때에 너와 더불어 말하리니

23 대저 명령은 등불이요 법은 빛이요 훈계의 책망은 곧 생명의 길이라

24 이것이 너를 지켜 악한 여인에게, 이방 여인의 혀로 호리는 말에 빠지지 않게 하리라

25 네 마음에 그의 아름다움을 탐하지 말며 그 눈꺼풀에 홀리지 말라

잠언 읽고
———
잠언 쓰자

26 음녀로 말미암아 사람이 한 조각 떡만 남게 됨이며 음란한 여인은 귀한 생명을 사냥함이니라

27 사람이 불을 품에 품고서야 어찌 그의 옷이 타지 아니하겠으며

28 사람이 숯불을 밟고서야 어찌 그의 발이 데지 아니하겠느냐

29 남의 아내와 통간하는 자도 이와 같을 것이라 그를 만지는 자마다 벌을 면하지 못하리라

30 도둑이 만일 주릴 때에 배를 채우려고 도둑질하면 사람이 그를 멸시하지는 아니하려니와

31 들키면 칠 배를 갚아야 하리니 심지어 자기 집에 있는 것을 다 내주게 되리라

32 여인과 간음하는 자는 무지한 자라 이것을 행하는 자는 자기의 영혼을 망하게 하며

33 상함과 능욕을 받고 부끄러움을 씻을 수 없게 되나니

34 남편이 투기로 분노하여 원수 갚는 날에 용서하지 아니하고

35 어떤 보상도 받지 아니하며 많은 선물을 줄지라도 듣지 아니하리라

왜 '말하기'일까요? 잠언 18장 21절에는 '죽고 사는 것이 혀의 힘에 달렸나니'라는 말씀이 있습니다. 그냥 '말은 중요하다'라고만 해도 좋을 것을, '죽고 사는 것'이라 강조합니다. 말이 중요하다는 것은 알겠는데, 뭐 죽고 살기까지 할 정도로 말이 중요할까요? 네, 성경은 그렇다고 말합니다. 성경은 말을 배의 키와 작은 불씨(야고보서 3:4~5)에 비유합니다. 인생이라는 배를 운항할 때 배의 키를 잘 잡고 앞을 똑바로 보고 가야 마지막 목적지에 성공적으로 도착할 수 있습니다. 그래야 폭풍우 치는 밤에도, 암초를 만나도 잘 피해 안전하게 운항할 수 있다는 것입니다. 말은 또한 작은 불씨 같아서 너무나 작고 미미한 것 같아도 마른 가지에 한 번 옮겨붙으면 커다란 숲 전체를 다 태워버릴 수도 있는 것이라는 거예요.

예전엔 신언서판(身言書判)이라 하여, 인재를 고를 때 허우대는 멀쩡한지 인물을 보고 나선 바로 그의 말하는 태도를 보았다고 합니다. 공부는 많이 했는데도 덕 없는 말을 하거나, 정확하게 자신의 의견을 말하지 못하고 상대방이 알아들을 수 없이 웅얼웅얼 입속에서만 말한다면 그런 인재는 어디 쓸 곳이 없겠지요.

그러나 우리가 더욱 말을 잘해야 하는 이유는 하나님이 들으시기 때문입니다. 우리는 무심코 불평, 불만, 비난, 비판, 부정적인 말, 자기 비하 같은 말들을 내뱉습니다. 자녀들에게도 축복의 말보다는 비난과 조소 같은 말을 해버릴 때가 있습니다. 정말로 그렇게 되면 좋겠냐고 물으면 '아니, 말이 그렇다는 거죠'라고 대답합니다. 그러나 하나님은 설사 말이 그렇더라도 그렇게 부정적인 말을 하는 것을 싫어하셨습니다.

400년 동안 애굽에서 노예 생활을 하던 이스라엘 백성들은 모세 선생님을 따라 자유인으로 해방의 기쁨을 누렸습니다. 처음엔 기쁨과 경탄을 쏟아냈지만, 곧 목이 마르고 배가 고프게 되자 불평, 불만, 비난, 비판의 말을 쏟아내었습니다. 하나님은 실망하고 화가 나셨지만 모세 선생님의 간절한 기도로 몇 번을 참으십니다. 그렇게 참다, 참다, 결국은 단호하게 선언하십니다.

너희 말이 내 귀에 들린대로 내가 너희에게 행하리니.
(민수기 14:28)

'살아서 역사하시는 하나님…' 하며 기도하시는 여러분, 하나님께서는 지금도 살아서 역사하시며 당신의 입에서 나오는 모든 말을 듣고 계십니다. 그러니 부정적인 말, 비난, 비판, 불평의 말들은 우리 입에 얼씬도 못 하게 합시다.

음녀의 길로 치우치지 말라

1 내 아들아 내 말을 지키며 내 계명을 간직하라

2 내 계명을 지켜 살며 내 법을 네 눈동자처럼 지키라

3 이것을 네 손가락에 매며 이것을 네 마음판에 새기라

4 지혜에게 너는 내 누이라 하며 명철에게 너는 내 친족이라 하라

5 그리하면 이것이 너를 지켜서 음녀에게, 말로 호리는 이방 여인에게 빠지지 않게 하리라

6 내가 내 집 들창으로, 살창으로 내다 보다가

7 어리석은 자 중에, 젊은이 가운데에 한 지혜 없는 자를 보았노라

8 그가 거리를 지나 음녀의 골목 모퉁이로 가까이 하여 그의 집쪽으로 가는데

9 저물 때, 황혼 때, 깊은 밤 흑암 중에라

10 그 때에 기생의 옷을 입은 간교한 여인이 그를 맞으니

11 이 여인은 떠들며 완악하며 그의 발이 집에 머물지 아니하여

12 어떤 때에는 거리, 어떤 때에는 광장 또 모퉁이마다 서서 사람을 기다리는 자라

13 그 여인이 그를 붙잡고 그에게 입맞추며 부끄러움을 모르는 얼굴로 그에게 말하되

14 내가 화목제를 드려 서원한 것을 오늘 갚았노라

15 이러므로 내가 너를 맞으려고 나와 네 얼굴을 찾다가 너를 만났도다

16 내 침상에는 요와 애굽의 무늬 있는 이불을 폈고

17 몰약과 침향과 계피를 뿌렸노라

18 오라 우리가 아침까지 흡족하게 서로 사랑하며 사랑함으로 희락하자

19 남편은 집을 떠나 먼 길을 갔는데

20 은 주머니를 가졌은즉 보름 날에나 집에 돌아오리라 하여

21 여러 가지 고운 말로 유혹하며 입술의 호리는 말로 꾀므로

22 젊은이가 곧 그를 따랐으니 소가 도수장으로 가는 것 같고 미련한
자가 벌을 받으려고 쇠사슬에 매이러 가는 것과 같도다

23 필경은 화살이 그 간을 뚫게 되리라 새가 빨리 그물로 들어가되 그
의 생명을 잃어버릴 줄을 알지 못함과 같으니라

24 이제 아들들아 내 말을 듣고 내 입의 말에 주의하라

25 네 마음이 음녀의 길로 치우치지 말며 그 길에 미혹되지 말지어다

26 대저 그가 많은 사람을 상하여 엎드러지게 하였나니 그에게 죽은 자
가 허다하니라

27 그의 집은 스올의 길이라 사망의 방으로 내려가느니라

▶ 하프타임,
인생 사명 선언서

삶의 곡선이 늘 한결같으면 좋겠지만, 그렇지 않은 게 우리 삶입니다. 살면서 바닥을 칠 때가 있습니다. 제 나이 쉰 즈음 저는 인생의 가장 힘든 시기를 보내고 있었습니다. 그땐 날마다 울며 기도했지요.

"하나님, 아파요, 아파요. 당신은 어디 계신가요?"

2년 가까이 어둡고 슬픈 광야 생활을 하다가 어느 날 이렇게 벌레처럼 어두운 곳에 앉아있을 수만은 없다고 생각하고 주변을 둘러보았습니다.

마침 '하프타임 세미나'라는 게 있다는 걸 알고 실낱같은 희망을 품고 참여하게 되었습니다. 5주짜리 프로그램이었는데 기본 개념은 이런 겁니다. 축구경기처럼 우리 인생도 전반전과 후반전이 있습니다. 모든 사람의 목적은 후반전을 이기는 게임으로 마무리하는 것입니다. 물론 전반전을 이기는 경우도, 그렇지 않은 경우도 있겠지요. 중요한 것은 쉬는 시간인 하프타임을 잘 보내는 것입니다. 축구 게임이라면 물도 마시고 전략도 수정하면서 후반 전 승리를 꾀해야겠지요?

인생의 하프타임에선 중요한 두 가지 질문을 해야 합니다.

첫째, 나는 누구인가? 전반전 나의 인생을 돌아보며 나의 건 강, 재정상태, 나의 은사, 나의 가정생활, 인간관계 등을 돌아봅니 다. 여러 가지를 돌아보니 나의 전반전은 여러 가지 좋은 일도 많 았고, 어려운 고난도 적지 않았음을 발견했습니다. 나는 자그마한 꽃병 같은 존재인데, 기쁜 일이 있을 땐 하나님께서 색색 가지 물 감으로 그림을 그리신 시간이란 걸 알게 되었습니다. 그러면 고난 과 시련 땐 어디 계셨을까요? 그때는 조각칼을 꺼내 홈을 파며 무 늬를 새기고 계셨던 겁니다. 화사한 그림과 홈이 파인 무늬가 어 우러진 완성품(포이에마) 신은경을 만드시려고 하나님은 그저 작 품활동을 하셨던 것입니다. 그러나 생각이 짧은 저는 어떤 것은 축복, 어떤 것은 시련이라며 웃고 울었던 것이지요.

그럼 이제, 두 번째 질문을 합니다. '후반전 인생은 무슨 일을 하면서 하나님을 기쁘게 해드릴까?'

전반전의 기쁘고 영광된 일들, 뉴스를 전하는 신은경을 전 국 민이 보아주시고, 외국 가서 공부도 하게 하시고, 남편 따라 봉사 한다고 칭찬도 해 주시는 많은 기쁨이 있었으니, 이 모든 것은 제 가 잘나서가 아니라 후반전을 위한 준비였다는 생각이 들었습니 다. 그럼 그것을 가지고 후반전에 나는 무엇을 해야 할까요?

이 두 가지 질문에 대한 답으로 저는 인생 사명 선언서(life mission statement)를 썼습니다.

'성경에 나오는 말하기의 중요성을 연구해서 방송·강연·집필을 통해, 청소년, 청년, 여성, 직장인, 그리고 함께 신앙생활을 하는 형제자매님들에게 이것을 전하고 싶습니다.'

'그래서 어떻게 할 건데?'

'그분들의 삶이 변하게 하고 싶습니다.'

라고 말입니다.

그 이후 놀랍게도 저는 이 사명 선언서에 따라 이렇게 살고 있습니다. 성경을 낭독하고, 강연하고, 책을 쓰고, 방송에서 말의 중요성에 관해 이야기하면서 말입니다.

8장

지혜와 명철 찬양

1 지혜가 부르지 아니하느냐 명철이 소리를 높이지 아니하느냐

2 그가 길 가의 높은 곳과 네거리에 서며

3 성문 곁과 문 어귀와 여러 출입하는 문에서 불러 이르되

4 사람들아 내가 너희를 부르며 내가 인자들에게 소리를 높이노라

5 어리석은 자들아 너희는 명철할지니라 미련한 자들아 너희는 마음이 밝을지니라

6 너희는 들을지어다 내가 가장 선한 것을 말하리라 내 입술을 열어 정직을 내리라

7 내 입은 진리를 말하며 내 입술은 악을 미워하느니라

8 내 입의 말은 다 의로운즉 그 가운데에 굽은 것과 패역한 것이 없나니

9 이는 다 총명 있는 자가 밝히 아는 바요 지식 얻은 자가 정직하게 여기는 바니라

10 너희가 은을 받지 말고 나의 훈계를 받으며 정금보다 지식을 얻으라

11 대저 지혜는 진주보다 나으므로 원하는 모든 것을 이에 비교할 수 없음이니라

12 나 지혜는 명철로 주소를 삼으며 지식과 근신을 찾아 얻나니

13 여호와를 경외하는 것은 악을 미워하는 것이라 나는 교만과 거만과 악한 행실과 패역한 입을 미워하느니라

14 내게는 계략과 참 지식이 있으며 나는 명철이라 내게 능력이 있으므로

15 나로 말미암아 왕들이 치리하며 방백들이 공의를 세우며

16 나로 말미암아 재상과 존귀한 자 곧 모든 의로운 재판관들이 다스리느니라

17 나를 사랑하는 자들이 나의 사랑을 입으며 나를 간절히 찾는 자가 나를 만날 것이니라

18 부귀가 내게 있고 장구한 재물과 공의도 그러하니라

19 내 열매는 금이나 정금보다 나으며 내 소득은 순은보다 나으니라

20 나는 정의로운 길로 행하며 공의로운 길 가운데로 다니나니

21 이는 나를 사랑하는 자가 재물을 얻어서 그 곳간에 채우게 하려 함이니라

22 여호와께서 그 조화의 시작 곧 태초에 일하시기 전에 나를 가지셨으며

23 만세 전부터, 태초부터, 땅이 생기기 전부터 내가 세움을 받았나니

24 아직 바다가 생기지 아니하였고 큰 샘들이 있기 전에 내가 이미 났으며

25 산이 세워지기 전에, 언덕이 생기기 전에 내가 이미 났으니

26 하나님이 아직 땅도, 들도, 세상 진토의 근원도 짓지 아니하셨을 때에라

27 그가 하늘을 지으시며 궁창을 해면에 두르실 때에 내가 거기 있었고

28 그가 위로 구름 하늘을 견고하게 하시며 바다의 샘들을 힘 있게 하시며

29 바다의 한계를 정하여 물이 명령을 거스르지 못하게 하시며 또 땅의 기초를 정하실 때에

30 내가 그 곁에 있어서 창조자가 되어 날마다 그의 기뻐하신 바가 되었으며 항상 그 앞에서 즐거워하였으며

31 사람이 거처할 땅에서 즐거워하며 인자들을 기뻐하였느니라

32 아들들아 이제 내게 들으라 내 도를 지키는 자가 복이 있느니라

33 훈계를 들어서 지혜를 얻으라 그것을 버리지 말라

34 누구든지 내게 들으며 날마다 내 문 곁에서 기다리며 문설주 옆에서 기다리는 자는 복이 있나니

35 대저 나를 얻는 자는 생명을 얻고 여호와께 은총을 얻을 것임이니라

36 그러나 나를 잃는 자는 자기의 영혼을 해하는 자라 나를 미워하는 자는 사망을 사랑하느니라

▶ 오늘을 살아가는
  힘이 되는 구호

구호는 우리에게 힘을 줍니다. 구호를 외치는 것만으로도 힘이 될 때가 있습니다.

차차차!

제가 몸담고 있던 차의과학대학교에서는 '차, 차, 차!' 하는 구호를 외칩니다. 'Challenge' 'Chance' 'Change'의 앞 'Cha'를 외치는 것입니다. 도전해야 기회가 생기고, 그 기회를 통해 나도 변하고 나의 주변 환경도 변하는 것입니다. 외국어를 하나 배워야지, 번지 점프를 하고 싶다…… 이렇게 생각만 하고 있으면 그것은 도전이 아닙니다. 프랑스어 학원에 등록하거나 외국어 애플리케이션을 설치하고 입을 열어 연습하기 시작하면 드디어 도전하는 것이지요. 번지 점프하러 가서 몸에 벨트를 묶는 순간 도전이 되는 것입니다. 그 도전을 통해 우리에게 기회가 생기는 것이고, 그 기회를 통해 변할 수 있는 것입니다.

아하자!

《어! 성경이 읽어지네》에서 외치는 구호입니다. '우리는 아름다운 하나님의 자녀!'라는 뜻입니다. 세상일에 시달리거나 지쳐 몸이 늘어질 때 큰소리로 외치면 힘이 납니다. 내가 누군데, 나는 세상이 감당할 수 없는 당당한 아름다운 하나님의 자녀야. 아하자!

매조꾸!

'매일, 조금씩, 꾸준히.' 데일리 리추얼(Daily Rituals)은 참으로 신기하고 놀랍습니다. 저는 '매조꾸!'를 상기하며 매일 매일 해나가는 일이 몇 가지 있어요.

저는 아침에 일어나면 그날의 영감을 쓰는 모닝 페이지를 세 페이지 씁니다. 아무거나, 생각나는 대로. 방금 깨어난 꿈 이야기도 쓰고, 오늘 해야 할 일도 쓰고, 어제 있었던 기억해 두어야 할 일도 기록합니다. 내 안에 있는 작은 예술가를 깨워내기 위한 목적도 있고, 나의 감정의 배출구가 되어 주기도 합니다. 근심, 걱정, 부담, 염려 그런 부정적인 건 물론 잘 배출되고, 섭섭함, 질투, 분노, 같은 좀 깊은 감정도 솔직히 털어놓으면 개운해집니다.

글쓰기에 좋은 아이디어가 떠오를 때도 있고, 인생 사는 데 좋은 계획이 떠오를 때도 있습니다. 이 책,《잠언 읽고 잠언 쓰자》도 모닝 페이지를 쓰다가 생각난 것이랍니다. 어렴풋한 생각은 글씨로 쓰면서 구체적으로 꾸려나가게 되고, 이 계획 단계의 생각이 좋은 출판 기획자를 만나면 이렇게 책으로 나오기도 하네요. 놀랍고 신비로운 일이지요.

또 한 가지는 하루에 열 장씩 성경을 읽습니다. 월요일부터 토요일까지 매일 열 장씩 성경을 읽으면 6개월이면 성경 66권 통독을 할 수 있습니다. 이렇게 하면 일 년 2독이 가능합니다. 저 또한 2021년 가을부터 시작해서 지금 6독째 하고 있습니다.

그리고 외국어 앱을 깔아 매일 프랑스어와 이탈리아어를 공부합니다. 프랑스어는 1년이 다 되어가고, 이탈리아어는 시작한 지 얼마 안 되어 식당에서 음식 한두 가지 시키는 정도 배웠습니다. 좋은 점은 아무 목적이나 목표 없이 오로지 재미로 하고 있다는 것입니다. 여행 가서 외국인과 대화를 하겠다, 외국어 능력 시험을 봐서 급수를 따겠다… 뭐 그런 목적이 있었다면 재미가 없고 부담스러운 날이 더 많았을 것 같습니다. 이 나이에 무슨 시험은 치러 뭐하겠어요. 그냥 순수하게 재미로 하는 일이니 하루도 빼지 않고 꾸준히 할 수 있지 않나 싶습니다.

임동인!

기도할 때 외치는 구호입니다. 하나님께서 제 삶에 늘 임재해 주시고, 동행해 주시고, 인도하여 주실 것을 구하며 '임동인!' 합니다. 세상을 이처럼 창조하신 전지전능하신 아버지가 제 곁에 늘 계시고 지키고 이끌어 주시니 얼마나 든든한지 모릅니다. 이 세상에서 돈 많은 아버지가 있으면 부러워하면서 든든한 하나님 아버지가 내 아버지인 것은 왜 안 부러워하는지 모르겠네요.

잠언 읽고
잠언 쓰자

지혜와 어리석음

1 지혜가 그의 집을 짓고 일곱 기둥을 다듬고

2 짐승을 잡으며 포도주를 혼합하여 상을 갖추고

3 자기의 여종을 보내어 성중 높은 곳에서 불러 이르기를

4 어리석은 자는 이리로 돌이키라 또 지혜 없는 자에게 이르기를

5 너는 와서 내 식물을 먹으며 내 혼합한 포도주를 마시고

6 어리석음을 버리고 생명을 얻으라 명철의 길을 행하라 하느니라

7 거만한 자를 징계하는 자는 도리어 능욕을 받고 악인을 책망하는 자는 도리어 흠이 잡히느니라

8 거만한 자를 책망하지 말라 그가 너를 미워할까 두려우니라 지혜 있는 자를 책망하라 그가 너를 사랑하리라

9 지혜 있는 자에게 교훈을 더하라 그가 더욱 지혜로워질 것이요 의로운 사람을 가르치라 그의 학식이 더하리라

10 여호와를 경외하는 것이 지혜의 근본이요 거룩하신 자를 아는 것이 명철이니라

11 나 지혜로 말미암아 네 날이 많아질 것이요 네 생명의 해가 네게 더하리라

12 네가 만일 지혜로우면 그 지혜가 네게 유익할 것이나 네가 만일 거만하면 너 홀로 해를 당하리라

13 미련한 여인이 떠들며 어리석어서 아무것도 알지 못하고

14 자기 집 문에 앉으며 성읍 높은 곳에 있는 자리에 앉아서

15 자기 길을 바로 가는 행인들을 불러 이르되

16 어리석은 자는 이리로 돌이키라 또 지혜 없는 자에게 이르기를

17 도둑질한 물이 달고 몰래 먹는 떡이 맛이 있다 하는도다

18 오직 그 어리석은 자는 죽은 자들이 거기 있는 것과 그의 객들이 스올 깊은 곳에 있는 것을 알지 못하느니라

잠언 읽고
———
잠언 쓰자

나는
시니어 아파트에
삽니다

약 2년 전, 서울 한복판에 살던 저는 수도권 외곽인 경기도 용인으로 이사를 했습니다. 먼저 살던 곳 공간의 반 정도 되는 곳으로 거처를 옮기게 되었습니다. 이제 예순이 넘어 인생 정리를 해야 하는 단계로 접어들었으니, 차츰 짐을 줄이고 정리하고 간편하게 살아보자는 뜻으로 결정한 일이었습니다.

그런데 집 공간을 반으로 줄이면, 집에 있던 물건들은 얼마나 줄여야 할까요? 반으로? 아니면 3분의 1로? 아마도 5분의 4는 버린 것 같습니다. 우선 덩치가 큰 가구들은 모두 데려갈 수가 없었습니다. 시집올 때 장만했던 거울 있는 화장대, 큰 서랍장, 소파 세트, 안마의자, 김치냉장고를 비롯한 여분의 냉장고(살림 좀 한다 하는 여성들은 대략 냉장고 두세 개는 있으시죠), 6인용 식탁. 모든 게 들어갈 자리가 없으니 모든 걸 정리해야 했습니다.

처분해야 할 물건들을 둘러보더니 동생들이 고개를 절레절레 저었습니다. 중고 물품 파는 곳에 넘겨볼 요량으로 와 보라고 했는데, 이런 건 누가 그냥 주어도 안 가져갈 거라는 뜻 같았습니다. 제 딸도 엄마는 당○마켓 그런 건 못할 거라며 돌려 말하기도 했고요. 오기가 났습니다. 나도 팔아볼 거다!

앱을 깔고, 물건의 사진을 찍어 올렸습니다. 그리고 근사한 이야기를 써서 설명을 올렸습니다. 놀랍게도, 식탁, 딸의 침대 프레임, 소파, 화장대, 냉장고 등 많은 물건이 팔렸습니다. 제가 글을 아주 잘 썼던 모양입니다. 운동기구, 책상, 그릇 등은 나눔했고요.

이사하기 전날까지 버리고, 버리고, 정리하고, 정리했습니다. 그러나 이사 전날까지도 끝이 나지 않았습니다. 저는 쓸모없는 것부터 버리고 간다는 생각이었고, 남편은 꼭 필요한 것만 남기고 다 버린다 주의였습니다. 같은 이야기 같지만, 전혀 다른 생각의 방향이었죠.

결정을 내리기 너무나 힘들어서 스스로를 협박(?)하기까지 했습니다. '너 내일 죽는다고 해도 이 물건들 다 가지고 갈 거니?' 정말 내가 세상을 떠났을 때 내 물건 정리하는 사람이 얼마나 흉을 볼까 생각하면 당장 정리하지 않고는 못 배기겠으니까요.

특히 책은 정말 정리하기 힘들었습니다. 다 사연과 역사가 있으며 글을 쓰거나 연구를 하게 되면 참고해야 할 자료들이니까요. 그래, 이제 또 무슨 책을 쓰고 연구를 하나. 이 세상에 좋은 책은 다 도서관에 있고, 서점에 있단다! 이렇게 스스로를 달래가며 이사를 마쳤습니다.

이제 아주 작은 식탁에서 남편과 둘이 앉아 밥을 먹습니다. 식탁이 어찌나 작은지 글자 그대로 머리를 맞대고 식사를 합니다. 앉아서 손만 뻗으면 수저 서랍을 열 수 있고, 소금통을 집을 수 있습니다. 의자를 밀고 일어서면 코앞에 냉장고가 있습니다.

옷도 몇 벌 남지 않아서, 외출할 때 뭘 입을까 걱정하지 않아도 됩니다. 이거 아니면 저거이니까요. 공공장소에 가거나 강연이 있을 땐, 몇 가지 색깔의 똑같은 모양의 재킷을 돌려가며 입습니다. 머리가 복잡하지 않아 아주 좋습니다.

붙박이장을 열면 얼굴 정도를 비출 수 있는 작은 거울이 문짝에 붙어있어 거기가 제 화장대 노릇을 합니다. 거울 앞에 작은 상자를 두고 거기 몇 가지 화장품을 정리해 놓으니 근사한 화장대가 부럽지 않습니다. 남아있는 립스틱을 모아 작은 그릇에 모아 놓으니 이 또한 편리합니다. 노란 메모지에 격문을 써서 거울에 붙여 놓았습니다.

'언제나 기쁘고 행복하게! 지금이 가장 젊은 날. 오늘이 가장 예쁜 날. 이 립스틱이 세상에서 제일 예쁜 유일한 컬러.'

솔로몬의 잠언

1   솔로몬의 잠언이라

    지혜로운 아들은 아비를 기쁘게 하거니와 미련한 아들은 어미의 근
    심이니라

2   불의의 재물은 무익하여도 공의는 죽음에서 건지느니라

3   여호와께서 의인의 영혼은 주리지 않게 하시나 악인의 소욕은 물리
    치시느니라

4   손을 게으르게 놀리는 자는 가난하게 되고 손이 부지런한 자는 부하
    게 되느니라

5   여름에 거두는 자는 지혜로운 아들이나 추수 때에 자는 자는 부끄러
    움을 끼치는 아들이니라

6   의인의 머리에는 복이 임하나 악인의 입은 독을 머금었느니라

7   의인을 기념할 때에는 칭찬하거니와 악인의 이름은 썩게 되느니라

8   마음이 지혜로운 자는 계명을 받거니와 입이 미련한 자는 멸망하리라

9   바른 길로 행하는 자는 걸음이 평안하려니와 굽은 길로 행하는 자는
    드러나리라

10 눈짓하는 자는 근심을 끼치고 입이 미련한 자는 멸망하느니라

11 의인의 입은 생명의 샘이라도 악인의 입은 독을 머금었느니라

12 미움은 다툼을 일으켜도 사랑은 모든 허물을 가리느니라

13 명철한 자의 입술에는 지혜가 있어도 지혜 없는 자의 등을 위하여는 채찍이 있느니라

14 지혜로운 자는 지식을 간직하거니와 미련한 자의 입은 멸망에 가까우니라

15 부자의 재물은 그의 견고한 성이요 가난한 자의 궁핍은 그의 멸망이니라

16 의인의 수고는 생명에 이르고 악인의 소득은 죄에 이르느니라

17 훈계를 지키는 자는 생명 길로 행하여도 징계를 버리는 자는 그릇 가느니라

18 미움을 감추는 자는 거짓된 입술을 가진 자요 중상하는 자는 미련한 자이니라

19 말이 많으면 허물을 면하기 어려우나 그 입술을 제어하는 자는 지혜가 있느니라

20 의인의 혀는 순은과 같거니와 악인의 마음은 가치가 적으니라

21 의인의 입술은 여러 사람을 교육하나 미련한 자는 지식이 없어 죽느니라

22 여호와께서 주시는 복은 사람을 부하게 하고 근심을 겸하여 주지 아니하시느니라

23 미련한 자는 행악으로 낙을 삼는 것 같이 명철한 자는 지혜로 낙을 삼느니라

24 악인에게는 그의 두려워하는 것이 임하거니와 의인은 그 원하는 것이 이루어지느니라

25 회오리바람이 지나가면 악인은 없어져도 의인은 영원한 기초 같으니라

26 게으른 자는 그 부리는 사람에게 마치 이에 식초 같고 눈에 연기 같으니라

27 여호와를 경외하면 장수하느니라 그러나 악인의 수명은 짧아지느니라

28 의인의 소망은 즐거움을 이루어도 악인의 소망은 끊어지느니라

29 여호와의 도가 정직한 자에게는 산성이요 행악하는 자에게는 멸망이니라

30 의인은 영영히 이동되지 아니하여도 악인은 땅에 거하지 못하게 되느니라

31 의인의 입은 지혜를 내어도 패역한 혀는 베임을 당할 것이니라

32 의인의 입술은 기쁘게 할 것을 알거늘 악인의 입은 패역을 말하느니라

▶ Read, Read, Read

우리 아이가 초등학교 다닐 때 언젠가 미국 여행 중일 때의 일입
니다. 중학교에 무작정 들어가 상담을 요청했어요. 궁금한 이것저
것 물어보고, '외국인으로서 영어 공부를 잘하는 방법이 있을까
요?' 하고 물었습니다. 그때 선생님의 대답은 이랬습니다.

'Read, Read, Read!' 첫째도, 둘째도, 셋째도 무조건 많이 읽어
야 한다는 얘기였죠. 그래서 또 물었습니다. 그럼 어떤 걸 읽으면
좋겠냐고? 중학생 정도라면 뉴베리 어워드(Newbery Award)를 받
은 작품들을 읽혀보라고 권해 주셨습니다.

그 길로 검색에 나섰습니다. 뉴베리 어워드는 18세기 영국 작
가 존 뉴베리를 기리기 위해 매년 미국 도서관 협회가 수상하는
미국 아동 도서를 위한 문학상입니다. 세계에서 가장 오래된 어린
이책 상 중 하나로, 미국에서 가장 권위 있는 아동문학상으로 여
겨지지요. 이 상은 1922년부터 시작되었으니, 해마다 금·은·동상
을 수상한 책들만 찾아도 어마어마한 양입니다. 곧장 대형 서점

으로 가서 그 리스트에 있는 작품 중 시중에 나와 있는 것을 모두 골라내었습니다. 스무 권 정도 되는 작품을 모두 샀습니다. 그리고 그 후 틈나는 대로 아이에게 읽혔지요.

무조건 아이에게 책을 읽히기란 쉽지 않았습니다. 엄마도 그 작품들에 관심이 있다는 표시를 해 주는 게 효과가 있었습니다. 관심을 보였더니, 어느 날은 '엄마도 읽어봐요' 하면서 자기가 읽은 책을 내게 넘기는 게 아니겠어요? '엄마는 못 읽어…'라고 하기도 부끄러워서 정말 땀을 뻘뻘 흘리며 아이의 진도를 쫓아가느라 고생했던 기억이 있습니다.

그런데 아이가 읽는 책을 엄마도 읽자 함께 나눌 이야기가 많아졌습니다. 앞으로 어찌 될 것인가 궁금해 딸에게 물어보면 다 읽기 전엔 가르쳐 줄 수가 없다고 하기도 하고요. 슬쩍 힌트를 주기도 합니다.

대학에 들어간 후엔 좋아하는 뮤지컬의 주연 가수, 텔레비전 프로그램, 야구, 테니스, 축구 등 각종 스포츠 경기를 함께 보며 나누는 이야기가 점점 더 풍부해졌습니다.

자녀들과 대화가 아쉬우시다면 자녀들이 읽는 책, 그들이 좋아하는 TV 프로그램, 영화, 만화 등을 함께 공유하며 비밀스럽게 이야기를 나눠 보시기 바랍니다. 자녀와 최고의 친구가 되실 수 있습니다.

11장

1 　속이는 저울은 여호와께서 미워하시나 공평한 추는 그가 기뻐하시느니라

2 　교만이 오면 욕도 오거니와 겸손한 자에게는 지혜가 있느니라

3 　정직한 자의 성실은 자기를 인도하거니와 사악한 자의 패역은 자기를 망하게 하느니라

4 　재물은 진노하시는 날에 무익하나 공의는 죽음에서 건지느니라

5 　완전한 자의 공의는 자기의 길을 곧게 하려니와 악한 자는 자기의 악으로 말미암아 넘어지리라

6 　정직한 자의 공의는 자기를 건지려니와 사악한 자는 자기의 악에 잡히리라

7 　악인은 죽을 때에 그 소망이 끊어지나니 불의의 소망이 없어지느니라

8 　의인은 환난에서 구원을 얻으나 악인은 자기의 길로 가느니라

9 　악인은 입으로 그의 이웃을 망하게 하여도 의인은 그의 지식으로 말미암아 구원을 얻느니라

10 　의인이 형통하면 성읍이 즐거워하고 악인이 패망하면 기뻐 외치느니라

11 　성읍은 정직한 자의 축복으로 인하여 진흥하고 악한 자의 입으로 말미암아 무너지느니라

잠언 읽고
잠언 쓰자

12 지혜 없는 자는 그의 이웃을 멸시하나 명철한 자는 잠잠하느니라

13 두루 다니며 한담하는 자는 남의 비밀을 누설하나 마음이 신실한 자는 그런 것을 숨기느니라

14 지략이 없으면 백성이 망하여도 지략이 많으면 평안을 누리느니라

15 타인을 위하여 보증이 되는 자는 손해를 당하여도 보증이 되기를 싫어하는 자는 평안하니라

16 유덕한 여자는 존영을 얻고 근면한 남자는 재물을 얻느니라

17 인자한 자는 자기의 영혼을 이롭게 하고 잔인한 자는 자기의 몸을 해롭게 하느니라

18 악인의 삯은 허무하되 공의를 뿌린 자의 상은 확실하니라

19 공의를 굳게 지키는 자는 생명에 이르고 악을 따르는 자는 사망에 이르느니라

20 마음이 굽은 자는 여호와께 미움을 받아도 행위가 온전한 자는 그의 기뻐하심을 받느니라

21 악인은 피차 손을 잡을지라도 벌을 면하지 못할 것이나 의인의 자손은 구원을 얻으리라

22 아름다운 여인이 삼가지 아니하는 것은 마치 돼지 코에 금 고리 같으니라

23 의인의 소원은 오직 선하나 악인의 소망은 진노를 이루느니라

24 흩어 구제하여도 더욱 부하게 되는 일이 있나니 과도히 아껴도 가난
하게 될 뿐이니라

25 구제를 좋아하는 자는 풍족하여질 것이요 남을 윤택하게 하는 자는
자기도 윤택하여지리라

26 곡식을 내놓지 아니하는 자는 백성에게 저주를 받을 것이나 파는 자
는 그의 머리에 복이 임하리라

27 선을 간절히 구하는 자는 은총을 얻으려니와 악을 더듬어 찾는 자에
게는 악이 임하리라

28 자기의 재물을 의지하는 자는 패망하려니와 의인은 푸른 잎사귀 같
아서 번성하리라

29 자기 집을 해롭게 하는 자의 소득은 바람이라 미련한 자는 마음이 지
혜로운 자의 종이 되리라

30 의인의 열매는 생명 나무라 지혜로운 자는 사람을 얻느니라

31 보라 의인이라도 이 세상에서 보응을 받겠거든 하물며 악인과 죄인
이리요

잠언 읽고
잠언 쓰자

▶ 슬기로운
열 처녀

마태복음 25장을 보면, 결혼 잔치에 들어가려고 등불을 마련하고 신랑을 기다리는 열 처녀의 이야기가 나옵니다. 날은 저물고 기다리는 신랑은 오시지 않고, 모두 잠이 들었습니다. 한밤중에 갑자기 신랑이 도착했고, 그중 다섯 명의 처녀는 등불뿐 아니라 기름까지 준비했기 때문에 곧장 잔치 자리로 들어갈 수가 있었습니다. 그러나 미처 기름을 준비하지 못한 나머지 다섯 처녀는 허둥지둥하다가 그만 잔치에 들어가지 못했다는 이야기입니다.

우리는 평생 교회를 다니고 신앙생활을 했어도, 성경 말씀을 잘 모르는 경우가 많습니다. 등불만 준비하고 정작 기름을 준비하지 못한 처녀들처럼 말이죠. 신앙생활의 길고 짧음과 상관없이, 성경은 한 번 맥을 잘 짚어야 스스로 읽고 이해할 수도 있는 겁니다.

2021년, 저는 《어? 성경이 읽어지네!》 전문 강사가 되었습니다. 처음 이애실 사모님의 같은 제목의 책을 읽고 신세계를 경험하고

난 후, 다른 분에게도 이를 널리 알려 드리고 싶었습니다. 전문강사 공부 과정은 간단치 않았지만 보람이 있었습니다.

시험에 합격한 후, 2022년 초부터 성경방 과외를 본격적으로 시작했습니다. 예수님의 제자처럼 열두 분의 귀한 선생님들을 모시고 온라인으로 공부하기 시작했어요. 구약 13주, 신약 12주 모두 25주짜리 긴 프로그램이었습니다. 처음엔 선뜻 결심하기가 쉽지 않았지만, 갖가지 어려움을 무릅쓰고 신·구약 과정을 마친 선생님들은 감격의 눈물을 글썽이기도 했습니다. 2024년 현재, 제4기 열다섯 분의 선생님들과 공부를 하고 있고 이번에도 은혜가 차곡차곡 쌓여가고 있습니다.

이 과정을 거쳐 간 선생님들의 직업은 다양합니다. 대학교수, 기업인, 유명 강사, 배우, 출판인, 작가, 기자, 아나운서, 방송인, 의사, 개인사업자, 변호사, 대학생 등 사회 각 분야에서 활동하시는 분들입니다. 더욱 은혜로운 것은 이 공부가 끝나고 나서 선생님들의 인생길이 놀라운 모양으로 펼쳐져 가고 있다는 것입니다. 박사학위를 시작하고, 책을 쓰시고, 방송을 시작하고, 강연을 시작합니다. 차원이 다르게 주님께 쓰임 받는 모습이 얼마나 감동적이고 은혜로운지 모릅니다.

온라인 강좌라 장소의 제약이 없어 미국 뉴욕에서, 애틀랜타에서, 호주 캔버라에서, 여수에서, 대구에서, 천안에서, 포항에서, 안동에서 참여하시는 분도 계셨습니다. 제 수업에서 공부하신 후 전문강사에 도전하여 합격하고 강의를 시작하신 분들도 있답니다.

큰 열매이지요.

해가 바뀌면 새해 결심 리스트에 '성경 통독'을 적습니다. 그러나 성공하기가 왜 그리 어려운지요, 창세기, 출애굽기까지 겨우 읽다가 레위기에선 '내 위기'를 맞이합니다. 그냥 까만 건 글씨고 하얀 건 종이고. 도대체 은혜가 되지 않아요. 그렇게 넘어가다가 여러 왕이 나오는 열왕기상·하에선 메모까지 해가며 열공 모드로 읽어나가지요. 한참을 잘 읽다가 역대상·하에 열왕기 때 나왔던 왕들의 이야기가 반복되듯 나오면 또 한 번 위기를 맞이합니다. 잠언과 시편은 그래도 좀 읽을 만합니다. 은혜로운 구절도 많아 밑줄 치며 읽지요. 그러다가 예언서가 줄줄이 나올 때면 포기하고 신약으로 넘어갑니다. 신약도 만만치 않기는 마찬가지입니다. 마태복음 처음부터 '낳고', '낳고'. 맥락을 모르고 읽으니 패스하는 곳은 늘 패스, 패스하며 읽어버립니다.

그러나 이 모든 어려움은 나의 게으름이나 무지 때문이 아닙니다. 성경은 쉬운 책이 아닙니다. 1,600년 역사 속에서 평생을 자기 분야에 매진하던 전문가들이 박사 논문 남기듯 써놓은 글인데 그게 만만히 읽어지겠습니까? 그것도 편지, 설교, 문학작품, 역사서, 예언서 등 여러 가지 형태의 작품으로 써 내려간 작품들인데 그게 쉽게 읽히겠느냐고요. 이런 방대하고 심오한 책을 역사의 맥락 속에, 통전적으로 읽을 수 있게 배우고 나면, 그다음부터는 스스로 성경을 펴고 달고 오묘한 그 말씀을 읽어낼 수 있게 되는 것입니다. 등불과 기름을 준비한 슬기로운 열 처녀의 자격을 갖추게 되는 것이지요.

그러한 열 처녀를 배출하기 위해 저는 오늘도 열심히 성경 과외 선생님으로 열정을 다하려 합니다.

아하자(아름다운 하나님의 자녀)!

12장

1 훈계를 좋아하는 자는 지식을 좋아하거니와 징계를 싫어하는 자는 짐승과 같으니라

2 선인은 여호와께 은총을 받으려니와 악을 꾀하는 자는 정죄하심을 받으리라

3 사람이 악으로서 굳게 서지 못하거니와 의인의 뿌리는 움직이지 아니하느니라

4 어진 여인은 그 지아비의 면류관이나 욕을 끼치는 여인은 그 지아비의 뼈가 썩음 같게 하느니라

5 의인의 생각은 정직하여도 악인의 도모는 속임이니라

6 악인의 말은 사람을 엿보아 피를 흘리자 하는 것이거니와 정직한 자의 입은 사람을 구원하느니라

7 악인은 엎드러져서 소멸되려니와 의인의 집은 서 있으리라

8 사람은 그 지혜대로 칭찬을 받으려니와 마음이 굽은 자는 멸시를 받으리라

9 비천히 여김을 받을지라도 종을 부리는 자는 스스로 높은 체하고도 음식이 핍절한 자보다 나으니라

10 의인은 자기의 가축의 생명을 돌보나 악인의 긍휼은 잔인이니라

11 자기의 토지를 경작하는 자는 먹을 것이 많거니와 방탕한 것을 따르는 자는 지혜가 없느니라

12 악인은 불의의 이익을 탐하나 의인은 그 뿌리로 말미암아 결실하느니라

13 악인은 입술의 허물로 말미암아 그물에 걸려도 의인은 환난에서 벗어나느니라

14 사람은 입의 열매로 말미암아 복록에 족하며 그 손이 행하는 대로 자기가 받느니라

15 미련한 자는 자기 행위를 바른 줄로 여기나 지혜로운 자는 권고를 듣느니라

16 미련한 자는 당장 분노를 나타내거니와 슬기로운 자는 수욕을 참느니라

17 진리를 말하는 자는 의를 나타내어도 거짓 증인은 속이는 말을 하느니라

18 칼로 찌름 같이 함부로 말하는 자가 있거니와 지혜로운 자의 혀는 양약과 같으니라

19 진실한 입술은 영원히 보존되거니와 거짓 혀는 잠시 동안만 있을 뿐이니라

20 악을 꾀하는 자의 마음에는 속임이 있고 화평을 의논하는 자에게는 희락이 있느니라

21 의인에게는 어떤 재앙도 임하지 아니하려니와 악인에게는 앙화가 가득하리라

22 거짓 입술은 여호와께 미움을 받아도 진실하게 행하는 자는 그의 기뻐하심을 받느니라

23 슬기로운 자는 지식을 감추어도 미련한 자의 마음은 미련한 것을 전파하느니라

24 부지런한 자의 손은 사람을 다스리게 되어도 게으른 자는 부림을 받느니라

25 근심이 사람의 마음에 있으면 그것으로 번뇌하게 되나 선한 말은 그것을 즐겁게 하느니라

26 의인은 그 이웃의 인도자가 되나 악인의 소행은 자신을 미혹하느니라

27 게으른 자는 그 잡을 것도 사냥하지 아니하나니 사람의 부귀는 부지런한 것이니라

28 공의로운 길에 생명이 있나니 그 길에는 사망이 없느니라

자녀에게 성경 과외 시켜 보신 적 있으신가요? 영어 유치원, 수학 학원, 대학 족집게 과외, 그런 건 해 보셨겠지만, 성경 과외는 시켜 본 적이 없으시죠? 매주 교회에 나가 설교 듣는데 무슨 과외? 누 가 시험을 보는 것도 아닌데 말이죠.

앞에서 말씀드린 대로, 성경은 역사서, 예언서, 시문학, 서신서 등 다양한 형식의 작품들이 하나님의 섭리에 따라 66권의 정경으 로 채택된 방대한 책입니다. 아무리 교회를 오래 다녔어도, 해마 다 통독을 하겠다고 새해 결심을 했어도 성경은 난공불락의 어려 운 대상일 뿐이었습니다. 하긴, 신앙생활은 은혜로 하는 거지, 지 식이 꼭 필요한 건 아니지요. 하지만 성경을 통전적으로 읽을 수 있게 된다면 그 말씀 속에 어마어마한 은혜가 보물처럼 숨겨져 있 는 것을 발견할 수 있답니다.

저는《어? 성경이 읽어지네!》를 바탕으로 성경을 읽을 수 있게 인도하는 전문강사가 되어, '슬기로운 열처녀'라는 이름의 성경 공부방을 운영하고 있으며 지금까지 제4기 선생님들과 함께하고 있습니다. 공부하는 25주 동안 은혜가 넘쳤던 것은 말할 것도 없고, 공부 후에 그분들의 인생이 더욱 멋지게 빛나고 성장해 가는 모습을 볼 때면 얼마나 기쁘고 뿌듯한지 모릅니다.

그중에서도 가장 기뻤던 일은, 지난겨울, 딸과 함께 일대일로 《어? 성경이 읽어지네!》 구약, 신약 공부를 했던 것입니다. 얼마나 보람 있는 시간이었는지 모릅니다. 방학을 맞아 집에 온 딸과 매일 2~3시간씩 20일 동안을 공부해 25주 공부 분량을 마쳤습니다.

당시 다리 골절로 통깁스를 하고 있었던 엄마를 위로하고 싶었던 딸은 함께 성경공부 하자는 엄마의 간청을 아주 간단히 받아들여 주었습니다. '엄마, 설명이 너무 길어요' '너무 지루해요' '피곤해요' 등 불평도 많았지만 잘 마치고 수료증을 받는데 감동이 밀려왔습니다. 이제 엄마로서 해야 할 큰 숙제를 하나 잘 마친 것 같아 얼마나 뿌듯했는지 모릅니다.

13장

1 지혜로운 아들은 아비의 훈계를 들으나 거만한 자는 꾸지람을 즐겨 듣지 아니하느니라

2 사람은 입의 열매로 인하여 복록을 누리거니와 마음이 궤사한 자는 강포를 당하느니라

3 입을 지키는 자는 자기의 생명을 보전하나 입술을 크게 벌리는 자에게는 멸망이 오느니라

4 게으른 자는 마음으로 원하여도 얻지 못하나 부지런한 자의 마음은 풍족함을 얻느니라

5 의인은 거짓말을 미워하나 악인은 행위가 흉악하여 부끄러운 데에 이르느니라

6 공의는 행실이 정직한 자를 보호하고 악은 죄인을 패망하게 하느니라

7 스스로 부한 체하여도 아무것도 없는 자가 있고 스스로 가난한 체하여도 재물이 많은 자가 있느니라

8 사람의 재물이 자기 생명의 속전일 수 있으나 가난한 자는 협박을 받을 일이 없느니라

9 의인의 빛은 환하게 빛나고 악인의 등불은 꺼지느니라

10 교만에서는 다툼만 일어날 뿐이라 권면을 듣는 자는 지혜가 있느니라

11 망령되이 얻은 재물은 줄어가고 손으로 모은 것은 늘어가느니라

12 소망이 더디 이루어지면 그것이 마음을 상하게 하거니와 소원이 이루어지는 것은 곧 생명 나무니라

13 말씀을 멸시하는 자는 자기에게 패망을 이루고 계명을 두려워하는 자는 상을 받느니라

14 지혜 있는 자의 교훈은 생명의 샘이니 사망의 그물에서 벗어나게 하느니라

15 선한 지혜는 은혜를 베푸나 사악한 자의 길은 험하니라

16 무릇 슬기로운 자는 지식으로 행하거니와 미련한 자는 자기의 미련한 것을 나타내느니라

17 악한 사자는 재앙에 빠져도 충성된 사신은 양약이 되느니라

18 훈계를 저버리는 자에게는 궁핍과 수욕이 이르거니와 경계를 받는 자는 존영을 받느니라

19 소원을 성취하면 마음에 달아도 미련한 자는 악에서 떠나기를 싫어하느니라

20 지혜로운 자와 동행하면 지혜를 얻고 미련한 자와 사귀면 해를 받느니라

21 재앙은 죄인을 따르고 선한 보응은 의인에게 이르느니라

22 선인은 그 산업을 자자 손손에게 끼쳐도 죄인의 재물은 의인을 위하여 쌓이느니라

23 가난한 자는 밭을 경작함으로 양식이 많아지거니와 불의로 말미암아 가산을 탕진하는 자가 있느니라

24 매를 아끼는 자는 그의 자식을 미워함이라 자식을 사랑하는 자는 근실히 징계하느니라

25 의인은 포식하여도 악인의 배는 주리느니라

잠언 읽고
잠언 쓰자

▶ 항상
기뻐하라

항상 기뻐하라 쉬지 말고 기도하라 범사에 감사하라
이것이 그리스도 예수 안에서 너희를 향하신 하나님의 뜻이니라
(데살로니가전서 5:16~18)

　이 구절은 많은 분이 항상 삶에서 실천하려고 애쓰는 은혜로운
말씀입니다. 그러나 가만히 생각해 보세요. 이 얼마나 실천하기
어려운 말씀인가요? 어쩌면 실천 불가능한 명령이라고 생각되지
않으신가요. 때론 논리에 맞지 않는 말씀처럼 들릴 때도 있지 않
던가요?
　어떻게 쉬지 말고 기도만 합니까? 일을 해야 하고, 먹기도 하
고, 놀기도 하고, 재미있는 드라마도 간혹 보고 그래야 하는데 말
이죠. 또 어떻게 범사에 감사합니까? 감사할 게 있어야 감사하지
요. 그래서 좋은 제안을 따라 해 보기도 합니다. 작은 일에도 감사
하라, 감사할 수 없는 일에도 감사하라, 그리고 미리 감사하라. 어

느 정도 실천이 가능했지만, '범사에' 감사하기란 정말 어려운 숙제입니다.

제가 가장 어려워하는 명령은 '항상 기뻐하라' 입니다. 이게 어떻게 가능하냐고요. 하지만 힘들 땐 찡그리고 나쁜 말을 뱉으면서 기쁜 일에만 기뻐하는 건 누가 못하겠어요?

우리 사회 곳곳에서 일하고 있는 사람들을 보면 이 말씀을 알고 실천하는 사람인지가 눈에 보입니다. 자기가 하는 이 일이 세상에서 제일 기쁜, 재미있는 일인 것처럼 하는 사람이 있어요. 그런가 하면 정반대인 사람도 있고요.

병원에 가보면 참 많은 분이 일하고 있습니다. 의사, 간호사, 신약을 홍보하러 온 양복 입은 제약회사 직원들, 화장실이나 병실을 쉴 새 없이 청소하시는 분, 때마다 식사를 준비해 주시는 분들도 보입니다. 입원환자들을 돌보는 요양보호사분들도 계시구요. 어떤 분은 이렇게 고단한 일을 어떻게 저렇게 밝고 친절한 얼굴로 해낼 수 있을까 싶은 분들도 계십니다. 때로 많은 환자 때문에 지쳐 나에게 불친절하게 대하시는 분들도 있고, 아니면 원래 불친절한 사람도 있고, 또 '내가 이런 일이나 하고 있을 사람이 아니다…' 라는 표정인 사람들도 있어요.

얼마 전 세탁 서비스를 하는 곳에 셔츠 세탁과 다림질을 맡긴 적이 있었어요. 맡길 때부터 그 얼굴이 얼마나 무겁고 차가운지.

그분의 얼굴에는 '내가 이런 일을 하고 있을 사람이 아니야'라는 표정으로 가득했습니다. 그런 서비스를 이용해 보는 것이 처음이라 사장님이 제게 설명해 줄 말이 몇 가지 있었습니다. 이름과 전화번호를 물었고, 선지급으로 돈을 내라고 했으며, 세탁이 끝나면 문자로 알림이 갈 것이다, 며칠 걸릴 것이다, 이런 걸 말해 주는데, 거기에 이것저것 덧붙여 묻는 내게 얼마나 무서운 얼굴로 말하는지 아주 황송하고 죄스러운 생각이 들 정도였습니다.

문제는 찾으러 간 날 생겼습니다. 완성된 셔츠 두 장이 비닐 커버에 씌워져 나왔는데, 카라 부분이 완전히 접혀 구겨져 있었습니다. '어머나, 이것 때문에 세탁 맡긴 건데'라고 말했더니 하는 말이, '입으면 펴져요'라고 하더군요. 손으로 펴 봐도 접힌 자국이 뚜렷한데 어떻게 그런 말을 할 수 있을까요. 황당해서 아무 말도 하지 못하고 있으니 그분이 저를 보며 슬쩍 웃었습니다. 그리곤 더는 아무 말도 하지 않았습니다. '아무리 그래 봐야 다시 해줄 것도 아닌데, 빨리 가시오'라는 뜻 같았습니다.

쓰레기 수거하는 일, 카페 카운터에서 주문을 받는 일 등, 세상에는 고단한 많은 일이 있습니다. 수고스러울 것이라 이해는 가지만, 우리는 수많은 친절과 불친절 속에서 하루하루를 삽니다. 기왕이면 마치 천직인 듯, 정성껏, 밝은 얼굴로 친절하게, 제 일을 하시는 분에게 서비스를 받고 싶은 게 우리의 공통적인 바람 아닐까요? 항상 기뻐하라.

그래서 저는 가장 기뻐할 수 없는 순간에 이 말씀을 반복합니다. 예를 들면 설거지가 산처럼 쌓여 있는데, 피곤해 잠은 쏟아지고 허리는 아파도 그릇을 씻으며 입으로 되뇝니다. '항상 기뻐하라!' 마감에 쫓기는 일이 밀려있을 때, 교통체증으로 오도 가도 못할 때, 어이없는 불친절을 당할 때, 그때에도 이 말씀을 중얼거립니다. '항상 기뻐하라!'

14장

1 지혜로운 여인은 자기 집을 세우되 미련한 여인은 자기 손으로 그것을 허느니라

2 정직하게 행하는 자는 여호와를 경외하여도 패역하게 행하는 자는 여호와를 경멸하느니라

3 미련한 자는 교만하여 입으로 매를 자청하고 지혜로운 자의 입술은 자기를 보전하느니라

4 소가 없으면 구유는 깨끗하려니와 소의 힘으로 얻는 것이 많으니라

5 신실한 증인은 거짓말을 아니하여도 거짓 증인은 거짓말을 뱉느니라

6 거만한 자는 지혜를 구하여도 얻지 못하거니와 명철한 자는 지식 얻기가 쉬우니라

7 너는 미련한 자의 앞을 떠나라 그 입술에 지식 있음을 보지 못함이니라

8 슬기로운 자의 지혜는 자기의 길을 아는 것이라도 미련한 자의 어리석음은 속이는 것이니라

9 미련한 자는 죄를 심상히 여겨도 정직한 자 중에는 은혜가 있느니라

10 마음의 고통은 자기가 알고 마음의 즐거움은 타인이 참여하지 못하느니라

11 악한 자의 집은 망하겠고 정직한 자의 장막은 흥하리라

12 어떤 길은 사람이 보기에 바르나 필경은 사망의 길이니라

13 웃을 때에도 마음에 슬픔이 있고 즐거움의 끝에도 근심이 있느니라

14 마음이 굽은 자는 자기 행위로 보응이 가득하겠고 선한 사람도 자기의 행위로 그러하리라

15 어리석은 자는 온갖 말을 믿으나 슬기로운 자는 자기의 행동을 삼가느니라

16 지혜로운 자는 두려워하여 악을 떠나나 어리석은 자는 방자하여 스스로 믿느니라

17 노하기를 속히 하는 자는 어리석은 일을 행하고 악한 계교를 꾀하는 자는 미움을 받느니라

18 어리석은 자는 어리석음으로 기업을 삼아도 슬기로운 자는 지식으로 면류관을 삼느니라

19 악인은 선인 앞에 엎드리고 불의한 자는 의인의 문에 엎드리느니라

20 가난한 자는 이웃에게도 미움을 받게 되나 부요한 자는 친구가 많으니라

21 이웃을 업신여기는 자는 죄를 범하는 자요 빈곤한 자를 불쌍히 여기는 자는 복이 있는 자니라

22 악을 도모하는 자는 잘못 가는 것이 아니냐 선을 도모하는 자에게는 인자와 진리가 있으리라

23 모든 수고에는 이익이 있어도 입술의 말은 궁핍을 이룰 뿐이니라

24 지혜로운 자의 재물은 그의 면류관이요 미련한 자의 소유는 다만 미련한 것이니라

25 진실한 증인은 사람의 생명을 구원하여도 거짓말을 뱉는 사람은 속이느니라

26 여호와를 경외하는 자에게는 견고한 의뢰가 있나니 그 자녀들에게 피난처가 있으리라

27 여호와를 경외하는 것은 생명의 샘이니 사망의 그물에서 벗어나게 하느니라

28 백성이 많은 것은 왕의 영광이요 백성이 적은 것은 주권자의 패망이니라

29 노하기를 더디 하는 자는 크게 명철하여도 마음이 조급한 자는 어리석음을 나타내느니라

30 평온한 마음은 육신의 생명이나 시기는 뼈를 썩게 하느니라

31 가난한 사람을 학대하는 자는 그를 지으신 이를 멸시하는 자요 궁핍한 사람을 불쌍히 여기는 자는 주를 공경하는 자니라

32 악인은 그의 환난에 엎드러져도 의인은 그의 죽음에도 소망이 있느니라

33 지혜는 명철한 자의 마음에 머물거니와 미련한 자의 속에 있는 것은 나타나느니라

34 공의는 나라를 영화롭게 하고 죄는 백성을 욕되게 하느니라

35 슬기롭게 행하는 신하는 왕에게 은총을 입고 욕을 끼치는 신하는 그의 진노를 당하느니라

잠언 읽고
잠언 쓰자

▶ 먹죽사감:
먹다 죽을래?
사명 감당할래?

애굽에서 400년 동안 노예로 살던 이스라엘 백성은 드디어 해방되어 모세 선생님을 따라 애굽 땅을 떠납니다. 20세 이상 장정만 60만 명, 아이, 노인, 여인들까지 모두 합치면 약 250만 명쯤 되었을 것이라 짐작합니다. 처음엔 얼마나 기쁘고 행복했을까요? 이게 꿈이 아닌가 해서 꼬집어 보기도 했을 겁니다. 그러다 먼길을 걷다 보니 목이 마르고 배가 고프기 시작합니다.

바란 광야에 도착한 이스라엘 백성 중 대표 열두 명은 가나안 땅을 정탐하라는 명령을 받습니다. 40일간 그곳을 돌아본 백성들의 대표자들. 그중 열 명은 부정적인 보고를 합니다.

"거긴 너무 무서운 곳이에요. 우리보다 훨씬 크고 무서운 사람들이 살고 있어 우리 처자식들은 또 끌려가 노예 생활을 할지도 몰라요. 우리는 그 앞에서 메뚜기 같은 존재입니다. 차라리 여기가 좋으니, 그냥 여기서 삽시다."

하나님은 기가 막히셨어요. 약속의 땅 가나안으로 들어가기 위해 나선 길인데, 중간에서 못가겠다고 하니 말이지요.

'그래, 자신이 누구인지 왜 가나안에 가야 하는지 모르는 너희들은 그냥 여기서 먹다 죽어라.'

자신들의 정체성과 사명이 무엇인지 모르고 그냥 현재의 안락함과 편안함만을 꾀하는 대부분 백성은 그냥 거기서 먹다가 삶을 마감하라는 것이지요. 그러나 자신들의 정체성과 사명을 알고 있는 여호수아와 갈렙은 믿음의 말을 합니다.

"우리는 만군의 여호와의 능력으로 갑니다. 저들은 우리 밥이에요."

하면서요. 하나님께서는 사명을 깨닫지 못한 1세대 백성들이 다 없어질 때까지 38년 동안을 광야에서 그냥 먹다 죽게 하십니다. 그리고 새로운 2세대가 태어나자, 믿음의 말을 한 여호수아와 갈렙을 앞세워 약속의 땅 가나안으로 들어가게 하십니다.

일회용 종이컵도 한 번은 쓰임 받고 버려집니다. 우리는 왜 이 세상에 태어나 이 일을 하고 살고 있을까요? 그냥 먹다 죽으려고 사는 인생은 아니어야 하지 않을까요? 나는 누구일까요? 나의 정체성은 무엇일까요? 나는 무엇을 하라고 이 세상에 태어나 바로 이곳에서 이 일을 하는 것일까요? 오늘 우리에게 물어보아야 할 질문입니다.

15장

1 유순한 대답은 분노를 쉬게 하여도 과격한 말은 노를 격동하느니라

2 지혜 있는 자의 혀는 지식을 선히 베풀고 미련한 자의 입은 미련한 것을 쏟느니라

3 여호와의 눈은 어디서든지 악인과 선인을 감찰하시느니라

4 온순한 혀는 곧 생명 나무이지만 패역한 혀는 마음을 상하게 하느니라

5 아비의 훈계를 업신여기는 자는 미련한 자요 경계를 받는 자는 슬기를 얻을 자니라

6 의인의 집에는 많은 보물이 있어도 악인의 소득은 고통이 되느니라

7 지혜로운 자의 입술은 지식을 전파하여도 미련한 자의 마음은 정함이 없느니라

8 악인의 제사는 여호와께서 미워하셔도 정직한 자의 기도는 그가 기뻐하시느니라

9 악인의 길은 여호와께서 미워하셔도 공의를 따라가는 자는 그가 사랑하시느니라

10 도를 배반하는 자는 엄한 징계를 받을 것이요 견책을 싫어하는 자는 죽을 것이니라

11 스올과 아바돈도 여호와의 앞에 드러나거든 하물며 사람의 마음이리요

12 거만한 자는 견책 받기를 좋아하지 아니하며 지혜 있는 자에게로 가지도 아니하느니라

13 마음의 즐거움은 얼굴을 빛나게 하여도 마음의 근심은 심령을 상하게 하느니라

14 명철한 자의 마음은 지식을 요구하고 미련한 자의 입은 미련한 것을 즐기느니라

15 고난 받는 자는 그 날이 다 험악하나 마음이 즐거운 자는 항상 잔치하느니라

16 가산이 적어도 여호와를 경외하는 것이 크게 부하고 번뇌하는 것보다 나으니라

17 채소를 먹으며 서로 사랑하는 것이 살진 소를 먹으며 서로 미워하는 것보다 나으니라

18 분을 쉽게 내는 자는 다툼을 일으켜도 노하기를 더디 하는 자는 시비를 그치게 하느니라

19 게으른 자의 길은 가시 울타리 같으나 정직한 자의 길은 대로니라

20 지혜로운 아들은 아비를 즐겁게 하여도 미련한 자는 어미를 업신여기느니라

21 무지한 자는 미련한 것을 즐겨 하여도 명철한 자는 그 길을 바르게 하느니라

잠언 읽고
잠언 쓰자

22 의논이 없으면 경영이 무너지고 지략이 많으면 경영이 성립하느니라

23 사람은 그 입의 대답으로 말미암아 기쁨을 얻나니 때에 맞는 말이 얼마나 아름다운고

24 지혜로운 자는 위로 향한 생명 길로 말미암음으로 그 아래에 있는 스올을 떠나게 되느니라

25 여호와는 교만한 자의 집을 허시며 과부의 지계를 정하시느니라

26 악한 꾀는 여호와께서 미워하시나 선한 말은 정결하니라

27 이익을 탐하는 자는 자기 집을 해롭게 하나 뇌물을 싫어하는 자는 살게 되느니라

28 의인의 마음은 대답할 말을 깊이 생각하여도 악인의 입은 악을 쏟느니라

29 여호와는 악인을 멀리 하시고 의인의 기도를 들으시느니라

30 눈이 밝은 것은 마음을 기쁘게 하고 좋은 기별은 뼈를 윤택하게 하느니라

31 생명의 경계를 듣는 귀는 지혜로운 자 가운데에 있느니라

32 훈계 받기를 싫어하는 자는 자기의 영혼을 경히 여김이라 견책을 달게 받는 자는 지식을 얻느니라

33 여호와를 경외하는 것은 지혜의 훈계라 겸손은 존귀의 길잡이니라

새벽기도

새벽기도는 기적의 시간입니다.

　살다가 무척 힘든 고난의 시간을 지날 때가 있었습니다. 날마다 집 앞 교회에 나가 새벽기도 예배를 드렸습니다. 목사님 설교와 찬양을 드리는 예배 시간이 지나면 각자 자유롭게 자신의 기도를 드리는 시간이 주어집니다. 잔잔한 찬양 음악이 나와 경건한 분위기를 만들어 주지요. 그때 얼마나 많은 기도를 드렸는지, 날마다 손수건 한 장이 푹 젖을 만큼 실컷 울며 기도했습니다. 그러고 나면 속이 다 시원했습니다. 때론 말씀으로 응답 주시고, 환상을 보여 주시며 위로해 주셨습니다. 신기한 것은 슬프고 괴로워 울고 났을 땐 눈이 퉁퉁 붓고 빨개지는데도 새벽 기도에 실컷 울고 나면 눈이 맑아지고 머리도 맑개지는 걸 느꼈습니다.

　괴롭고 힘들어 기도하기도 하지만, 간절히 바라는 기도가 있을 때도 있지요. 딸아이가 대학에 입학할 즈음이었습니다. 날마다 하나님께 우리 딸 대학에 붙여달라고 떼쓰고 매달리는 기도를 할 때였습니다. 드디어 이른 새벽 합격 소식이 왔습니다. 너무 기뻐 뛸 듯이 주님 앞으로 달려나갔습니다. 하나님, 합격했어요, 합격! 저의 기도를 들어주셔서 감사합니다. 응답해 주셔서 감사합니다.

제가 영어로 외울 수 있는 몇 안 되는 성경 구절 중에 이사야 41장 10절이 있습니다.

"두려워하지 말라 내가 너와 함께 함이라. 놀라지 말라 나는 네 하나님이 됨이라……."

언제나처럼 그 말씀으로 기도를 드리며 너무나 기쁜 나머지 이렇게 여쭈었습니다.

"하나님, 저한테 왜 이렇게 잘해주세요?"

그러자 'Do not be surprised. I am your God!'이라는 구절이 선명하게 떠오르고 그 중 특히 'your'이라는 단어가 눈앞에 엄청나게 크게 다가왔습니다.

Your

'이 바보야, 내가 **네** 하나님이야. **너의** 하나님, 몰랐어?'

'네, 네, 맞아요. **나의** 하나님. **내** 기도를 들어주시는 **나의** 하나님. 참 좋으신 **나의** 하나님. 감사합니다. 정말 감사합니다.'

새벽기도는 정말 멋있는 시간입니다.

16장

1 마음의 경영은 사람에게 있어도 말의 응답은 여호와께로부터 나오느니라

2 사람의 행위가 자기 보기에는 모두 깨끗하여도 여호와는 심령을 감찰하시느니라

3 너의 행사를 여호와께 맡기라 그리하면 네가 경영하는 것이 이루어지리라

4 여호와께서 온갖 것을 그 쓰임에 적당하게 지으셨나니 악인도 악한 날에 적당하게 하셨느니라

5 무릇 마음이 교만한 자를 여호와께서 미워하시나니 피차 손을 잡을지라도 벌을 면하지 못하리라

6 인자와 진리로 인하여 죄악이 속하게 되고 여호와를 경외함으로 말미암아 악에서 떠나게 되느니라

7 사람의 행위가 여호와를 기쁘시게 하면 그 사람의 원수라도 그와 더불어 화목하게 하시느니라

8 적은 소득이 공의를 겸하면 많은 소득이 불의를 겸한 것보다 나으니라

9 사람이 마음으로 자기의 길을 계획할지라도 그의 걸음을 인도하시는 이는 여호와시니라

잠언 읽고
잠언 쓰자

10 하나님의 말씀이 왕의 입술에 있은즉 재판할 때에 그의 입이 그르치지 아니하리라

11 공평한 저울과 접시 저울은 여호와의 것이요 주머니 속의 저울추도 다 그가 지으신 것이니라

12 악을 행하는 것은 왕들이 미워할 바니 이는 그 보좌가 공의로 말미암아 굳게 섬이니라

13 의로운 입술은 왕들이 기뻐하는 것이요 정직하게 말하는 자는 그들의 사랑을 입느니라

14 왕의 진노는 죽음의 사자들과 같아도 지혜로운 사람은 그것을 쉬게 하리라

15 왕의 희색은 생명을 뜻하나니 그의 은택이 늦은 비를 내리는 구름과 같으니라

16 지혜를 얻는 것이 금을 얻는 것보다 얼마나 나은고 명철을 얻는 것이 은을 얻는 것보다 더욱 나으니라

17 악을 떠나는 것은 정직한 사람의 대로이니 자기의 길을 지키는 자는 자기의 영혼을 보전하느니라

18 교만은 패망의 선봉이요 거만한 마음은 넘어짐의 앞잡이니라

19 겸손한 자와 함께 하여 마음을 낮추는 것이 교만한 자와 함께 하여 탈취물을 나누는 것보다 나으니라

20 삼가 말씀에 주의하는 자는 좋은 것을 얻나니 여호와를 의지하는 자는 복이 있느니라

21 마음이 지혜로운 자는 명철하다 일컬음을 받고 입이 선한 자는 남의 학식을 더하게 하느니라

22 명철한 자에게는 그 명철이 생명의 샘이 되거니와 미련한 자에게는 그 미련한 것이 징계가 되느니라

23 지혜로운 자의 마음은 그의 입을 슬기롭게 하고 또 그의 입술에 지식을 더하느니라

24 선한 말은 꿀송이 같아서 마음에 달고 뼈에 양약이 되느니라

25 어떤 길은 사람이 보기에 바르나 필경은 사망의 길이니라

26 고되게 일하는 자는 식욕으로 말미암아 애쓰나니 이는 그의 입이 자기를 독촉함이니라

27 불량한 자는 악을 꾀하나니 그 입술에는 맹렬한 불 같은 것이 있느니라

28 패역한 자는 다툼을 일으키고 말쟁이는 친한 벗을 이간하느니라

29 강포한 사람은 그 이웃을 꾀어 좋지 아니한 길로 인도하느니라

30 눈짓을 하는 자는 패역한 일을 도모하며 입술을 닫는 자는 악한 일을 이루느니라

31 백발은 영화의 면류관이라 공의로운 길에서 얻으리라

32 노하기를 더디하는 자는 용사보다 낫고 자기의 마음을 다스리는 자는 성을 빼앗는 자보다 나으니라

33 제비는 사람이 뽑으나 모든 일을 작정하기는 여호와께 있느니라

잠언 읽고
잠언 쓰자

인생은
연극무대

교회를 다니고 예수님을 믿으면서 가끔 당혹스러운 경우가 있습니다. 열심히 신앙생활하는데, 생활은 펴지지 않고, 자녀는 시험에 떨어지고, 남편은 사업에 실패하고, 몸에 병이 드는 경우가 있으니까요.

그런 신앙인들을 보며 세상 사람들은 뭐라고 말할까요? 하긴, 뭐라고 말이라도 하면 대답할 말이 있겠지만, 그냥 애매한 표정을 하고 쳐다보기만 합니다.

'예수 믿는데 왜 큰 병에 걸려?'

'매일 새벽기도 나가는데 왜 아들이 대학에 떨어져?'

'왜 사업이 망해?'

그러게요.

이런 예를 들어보면 어떨까요?

인생은 연극무대 같은 겁니다. 아주 짧은 연극 한 편 끝나면 우리 인생은 끝나지요. 여기 일류 배우가 있어요. 공교롭게도 거지 역할을 맡아 허름한 옷을 입고 무대에 오릅니다. 그러나 대사도 많고 멋진 연기를 펼칩니다.

무대 위에는 임금 역을 맡은 삼류 배우도 있습니다. 번쩍이는 금빛 무대 의상을 입긴 했지만, 대사는 그저 한 마디 '이리 오너라' 뿐입니다. 그런데 단지 걸친 옷이 남루하다고, 삼류 배우가 일류 배우를 손가락질하고 얕볼 수 있을까요? 연극이 끝나고 나면 누가 관객들의 박수를 받을까요? 당연히 열연을 펼친 일류 배우에게 우레와 같은 박수가 쏟아질 것입니다. 그때 허름한 옷을 입은 최고의 배우는 활짝 핀 얼굴로 당당하게 무대를 내려올 것입니다.

이것이 우리의 인생입니다. 이 세상에서 살면서 화려하지 않은 집에서 고급스럽지 않은 옷을 입고 허름하게 살아도 일류 배우처럼 기립박수 받고 사시겠습니까? 그렇지 않으면 아무도 알아주지 않는 삼류로 살아도, 좋은 차, 좋은 집, 번쩍이는 옷으로 치장하며 살고 싶으십니까?

17장

1 마른 떡 한 조각만 있고도 화목하는 것이 제육이 집에 가득하고도 다투는 것보다 나으니라

2 슬기로운 종은 부끄러운 짓을 하는 주인의 아들을 다스리겠고 또 형제들 중에서 유업을 나누어 얻으리라

3 도가니는 은을, 풀무는 금을 연단하거니와 여호와는 마음을 연단하시느니라

4 악을 행하는 자는 사악한 입술이 하는 말을 잘 듣고 거짓말을 하는 자는 악한 혀가 하는 말에 귀를 기울이느니라

5 가난한 자를 조롱하는 자는 그를 지으신 주를 멸시하는 자요 사람의 재앙을 기뻐하는 자는 형벌을 면하지 못할 자니라

6 손자는 노인의 면류관이요 아비는 자식의 영화니라

7 지나친 말을 하는 것도 미련한 자에게 합당하지 아니하거든 하물며 거짓말을 하는 것이 존귀한 자에게 합당하겠느냐

8 뇌물은 그 임자가 보기에 보석 같은즉 그가 어디로 향하든지 형통하게 하느니라

9 허물을 덮어 주는 자는 사랑을 구하는 자요 그것을 거듭 말하는 자는 친한 벗을 이간하는 자니라

잠 언 읽 고
잠 언 쓰 자

10 한 마디 말로 총명한 자에게 충고하는 것이 매 백 대로 미련한 자를 때리는 것보다 더욱 깊이 박히느니라

11 악한 자는 반역만 힘쓰나니 그러므로 그에게 잔인한 사자가 보냄을 받으리라

12 차라리 새끼 빼앗긴 암곰을 만날지언정 미련한 일을 행하는 미련한 자를 만나지 말 것이니라

13 누구든지 악으로 선을 갚으면 악이 그 집을 떠나지 아니하리라

14 다투는 시작은 둑에서 물이 새는 것 같은즉 싸움이 일어나기 전에 시비를 그칠 것이니라

15 악인을 의롭다 하고 의인을 악하다 하는 이 두 사람은 다 여호와께 미움을 받느니라

16 미련한 자는 무지하거늘 손에 값을 가지고 지혜를 사려 함은 어찜인고

17 친구는 사랑이 끊어지지 아니하고 형제는 위급한 때를 위하여 났느니라

18 지혜 없는 자는 남의 손을 잡고 그의 이웃 앞에서 보증이 되느니라

19 다툼을 좋아하는 자는 죄과를 좋아하는 자요 자기 문을 높이는 자는 파괴를 구하는 자니라

20 마음이 굽은 자는 복을 얻지 못하고 혀가 패역한 자는 재앙에 빠지느니라

21 미련한 자를 낳는 자는 근심을 당하나니 미련한 자의 아비는 낙이 없느니라

22 마음의 즐거움은 양약이라도 심령의 근심은 뼈를 마르게 하느니라

23 악인은 사람의 품에서 뇌물을 받고 재판을 굽게 하느니라

24 지혜는 명철한 자 앞에 있거늘 미련한 자는 눈을 땅 끝에 두느니라

25 미련한 아들은 그 아비의 근심이 되고 그 어미의 고통이 되느니라

26 의인을 벌하는 것과 귀인을 정직하다고 때리는 것은 선하지 못하니라

27 말을 아끼는 자는 지식이 있고 성품이 냉철한 자는 명철하니라

28 미련한 자라도 잠잠하면 지혜로운 자로 여겨지고 그의 입술을 닫으면 슬기로운 자로 여겨지느니라

▶ 터널의 끝에는
환한 빛이 있다

영국으로 유학을 갔을 때의 일입니다. 한참 여성 단독 뉴스 앵커로 이름을 떨치고 있을 즈음, 30대 후반에 석사, 박사학위를 따기 위해 영국 웨일스 대학으로 갔습니다. 방송국에는 2년간 휴직을 했습니다. 처음 1년은 석사과정을 마치고. 이후 곧바로 박사학위를 시작했습니다.

과정 시작은 했으나, 시간은 한정되어 있고, 날마다 한숨만 쉬며 근심에 가득 싸여 지내던 시절이었습니다. 서점에서 신기한 제목의 책을 발견했습니다.

《How to get a Ph.D》(by Estelle M. Phillips & D.S. Pugh)

박사학위란 무엇인가부터 시작해서 연구하는 방법, 피해야 할 태도, 논문의 종류, 지도교수로부터 어떤 지도를 받아야 하는지, 연구비를 받는 것부터 마지막 구두시험, 그 이후… 얼마나 자세히 나와 있는지 바이블처럼 줄을 치며 읽었습니다.

힘이 들 땐 스스로를 응원하는 격문을 써서 곳곳에 붙여 놓았습니다. '아무거나 베껴 써라' '무작정 베껴 써라' 같은 것도 있었습니다. 사실 무작정, 아무거나 라고 했지만 물론 그랬을 리는 없지요. 영국에선 표절은 범죄행위입니다. 영국뿐 아니라 학문의 세계에서 표절은 죽음입니다. 절대 있을 수 없는 일입니다. 그런데, 생각해보면 그리 틀린 말은 아닌 것 같습니다. 읽으면 뭐가 중요한 건지는 아니까 일단 중요한 부분을 그대로 베껴 놓습니다. 그리고 직접 인용할 땐 인용 표시(" ")를 하고 그 내용을 풀어서 말할 때는 패러프레이즈(paraphrase)하면 되는 것이니. 일단 그 분야의 책을 엄청나게 읽고 공부하며 중요한 부분을 갈무리해 놓는 것이 무척 중요한 일이었습니다.

박사학위 논문은 500페이지를 써야 했습니다. 어떻게 시작해야 할지 전혀 감을 잡지 못하고 있던 어느 날, 노트북을 열고 파일을 하나 만들었습니다. 첫 페이지를 만들어 논문 제목, 이름을 썼습니다. 그리고 준비되어있는 목차를 쭉 쓰니 3페이지 정도 되더군요. 이어 각 챕터의 제목 페이지를 만드니, 또 열 페이지쯤 불어났습니다. 그러고 나서 감사의 인사를 쓰는 페이지를 만들었습니다. Acknowledgement. 보통은 논문을 완성하고 나서 마지막에 그동안 도움 주신 분들께 감사하고 자신의 감회를 쓰는 곳이지요. 그런데 저는 여기부터 쓰기 시작했습니다. 결국엔 나는 논문을 완성할 것이고, 언젠가 반드시 감사 인사를 쓸 것이기 때문입니다. 감사한 분들을 모두 나열하고 맨 끝에 썼습니다.

"나는 이 논문을 완성하면서 나의 인생 교훈인 '터널의 끝에는 반드시 환한 빛이 비친다'라는 것을 다시 한번 확인하게 되어서 감사하다."

미리 감사였습니다.

표지부터 20여 페이지가 만들어졌습니다. 500페이지의 처음 20페이지가 완성되었습니다. 지도교수님을 만나서 나의 일정을 말씀드렸습니다. 그랬더니 교수님께서 일주일에 한 챕터씩 써오라고 하셨습니다. 하도 빨리 쓰고 가야 한다, 재촉하니 불가능한 일정을 말씀하신 것 같았습니다.

그래서 써갔지요. 써왔다는 사실에 놀라신 교수님은 새빨갛게 고칠 부분과 코멘트를 써 주셨습니다. 또 그걸 악착같이 고쳐서 가지고 갔고, 또 고쳐 갔습니다. 점차 빨간 코멘트 글씨가 줄어 갔습니다. 결국 교수님은 '너 같이 지독한 학생은 처음 본다'라고 말씀하시며 학생 못지않게 열성적으로 저의 박사과정 공부를 지도해 주셨습니다.

18장

1 무리에게서 스스로 갈라지는 자는 자기 소욕을 따르는 자라 온갖 참 지혜를 배척하느니라

2 미련한 자는 명철을 기뻐하지 아니하고 자기의 의사를 드러내기만 기뻐하느니라

3 악한 자가 이를 때에는 멸시도 따라오고 부끄러운 것이 이를 때에는 능욕도 함께 오느니라

4 명철한 사람의 입의 말은 깊은 물과 같고 지혜의 샘은 솟구쳐 흐르는 내와 같으니라

5 악인을 두둔하는 것과 재판할 때에 의인을 억울하게 하는 것이 선하지 아니하니라

6 미련한 자의 입술은 다툼을 일으키고 그의 입은 매를 자청하느니라

7 미련한 자의 입은 그의 멸망이 되고 그의 입술은 그의 영혼의 그물이 되느니라

8 남의 말하기를 좋아하는 자의 말은 별식과 같아서 뱃속 깊은 데로 내려가느니라

9 자기의 일을 게을리하는 자는 패가하는 자의 형제니라

10 여호와의 이름은 견고한 망대라 의인은 그리로 달려가서 안전함을 얻느니라

11 부자의 재물은 그의 견고한 성이라 그가 높은 성벽 같이 여기느니라

12 사람의 마음의 교만은 멸망의 선봉이요 겸손은 존귀의 길잡이니라

13 사연을 듣기 전에 대답하는 자는 미련하여 욕을 당하느니라

14 사람의 심령은 그의 병을 능히 이기려니와 심령이 상하면 그것을 누가 일으키겠느냐

15 명철한 자의 마음은 지식을 얻고 지혜로운 자의 귀는 지식을 구하느니라

16 사람의 선물은 그의 길을 넓게 하며 또 존귀한 자 앞으로 그를 인도하느니라

17 송사에서는 먼저 온 사람의 말이 바른 것 같으나 그의 상대자가 와서 밝히느니라

18 제비 뽑는 것은 다툼을 그치게 하여 강한 자 사이에 해결하게 하느니라

19 노엽게 한 형제와 화목하기가 견고한 성을 취하기보다 어려운즉 이러한 다툼은 산성 문빗장 같으니라

20 사람은 입에서 나오는 열매로 말미암아 배부르게 되나니 곧 그의 입술에서 나는 것으로 말미암아 만족하게 되느니라

21 죽고 사는 것이 혀의 힘에 달렸나니 혀를 쓰기 좋아하는 자는 혀의 열매를 먹으리라

22 아내를 얻는 자는 복을 얻고 여호와께 은총을 받는 자니라

23 가난한 자는 간절한 말로 구하여도 부자는 엄한 말로 대답하느니라

24 많은 친구를 얻는 자는 해를 당하게 되거니와 어떤 친구는 형제보다 친밀하니라

심리학이나 교육학에서 많이 쓰이는 주제로 '피그말리온 효과'가 있습니다. 교육 현장에서 학생들에게나 가정에서 자녀에게 좋은 말을 해 주며 격려하면 그 학생은 더욱 좋은 쪽으로 성장한다는 이야기를 할 때 사용되는 이론입니다.

저는 고등학교 시절에 국어 선생님 이정숙 선생님께서 수업 시간에 해 주셨던 격려 말씀으로 아나운서가 되었습니다. 학급 학생들 앞에서 책을 읽어 보라하시고 '여러분 어때요, 참 듣기 좋지요' 하며 칭찬해주셨습니다. 그리고 '신은경, 아나운서 해 보아라. 참 잘하겠구나'라고 하신 그 말씀으로 저는 자라서 아나운서가 되었습니다.

우리 어머니는 큰 남동생에게 늘 말씀하셨어요.

"너는 점점 잘하는 아이구나."

자전거 사달라고 떼쓰며 길에 눕고, 재수도 했고, 대학 가서는 기타 치며 노래 부르기에 전념했던 동생에게 어머니는 끊임없이

'너는 점점 잘하는 아이다'라고 격려하셨습니다. 결국 동생은 어머니의 말씀처럼 국내 최고의 기업에 임원까지 하며 세계를 무대로 마음껏 역량을 펼치는 인재가 되더군요.

음악평론가 선생님이 '신 박사, 신 박사'라고 부르셨습니다. '저 박사 아니에요' 했더니, '박사 그거 하시면 되잖아요' 하셨습니다. 그 말씀은 신기하게도 제 마음에 자리를 잡고 뿌리를 내리고 싹이 트기 시작했습니다. 한편으론 마치 그 말에 빚을 진 사람 같은 느낌이었구요. 저는 이것을 이름하여 '미리 불러주기'라고 합니다.

딸아이에게도 말했습니다. '너는 학원 안 가고도 잘하는 아이'라고 해 주었더니, 그걸 칭찬으로 알고 학원공부 없이도 제법 잘해내었습니다. 초등 4학년 때 담임선생님이 '이 아이는 수학영재이니, 교육청에서 진행하는 프로그램에 참여해 보라'고 격려해 주셨습니다. 수업 시간에 무척 어려운 중학 수준의 문제를 내보았는데, 이 아이가 풀었다면서 말입니다. 저는 믿지 않았어요. '그 한 문제 가지고 어떻게 알아요, 선생님' 그랬더니 선생님께서 하시는 말씀이, '낭중지추라는 말이 말이 있어요. 주머니 속의 송곳은 뾰족함을 숨길 수가 없지요'라며 큰 격려를 하셨습니다. 그 말씀을 믿고 그 해엔 진짜 수학영재 프로그램에 참여했지만, 그다음 해에는 떨어졌고요. 결국은 수학영재는 아닌 걸로 판명되었지만 당시에는 큰 격려가 되었던 건 사실이었습니다.

자녀들이 무언가가 되고 싶어 하거든, 우선 격려해 주세요. 그리고 미리 불러주세요. 될 때까지 기다리지 말고 미리 불러주는 것, 무척 좋습니다. 물론 마치 부적을 지닌 듯, 그냥 부른다고 그렇게 된다는 뜻이 아닙니다. 우리는 그렇게 부르며 좋은 책을 읽어보라 하고, 도움이 될만한 강연 영상도 보여 주고, 멘토를 만나게 하고, 그리고 가장 중요한 것, 하나님께 열심히 기도하잖아요. 이렇게 모든 것이 합하여 선을 이루는 날. 그 이름에 꼭 맞는 일을 이루는 날이 반드시 올 겁니다.

'신 박사'라고 부르시는 것이 마치 빚을 지고 있는 느낌이 들었던 저는 한국외국어대학교 통역대학원에서 석사 하나 마치고 영국에서 석사 또 하나와 박사학위를 받고 돌아오는 날이 있더라, 그 이름을 불러주신 분에게 빚을 갚게 되는 날이 있더라 하는 이야기입니다.

19장

1 가난하여도 성실하게 행하는 자는 입술이 패역하고 미련한 자보다 나으니라

2 지식 없는 소원은 선하지 못하고 발이 급한 사람은 잘못 가느니라

3 사람이 미련하므로 자기 길을 굽게 하고 마음으로 여호와를 원망하느니라

4 재물은 많은 친구를 더하게 하나 가난한즉 친구가 끊어지느니라

5 거짓 증인은 벌을 면하지 못할 것이요 거짓말을 하는 자도 피하지 못하리라

6 너그러운 사람에게는 은혜를 구하는 자가 많고 선물 주기를 좋아하는 자에게는 사람마다 친구가 되느니라

7 가난한 자는 그의 형제들에게도 미움을 받거든 하물며 친구야 그를 멀리 하지 아니하겠느냐 따라가며 말하려 할지라도 그들이 없어졌으리라

8 지혜를 얻는 자는 자기 영혼을 사랑하고 명철을 지키는 자는 복을 얻느니라

9 거짓 증인은 벌을 면하지 못할 것이요 거짓말을 뱉는 자는 망할 것이니라

10 미련한 자가 사치하는 것이 적당하지 못하거든 하물며 종이 방백을 다스림이랴

11 노하기를 더디 하는 것이 사람의 슬기요 허물을 용서하는 것이 자기의 영광이니라

12 왕의 노함은 사자의 부르짖음 같고 그의 은택은 풀 위의 이슬 같으니라

13 미련한 아들은 그의 아비의 재앙이요 다투는 아내는 이어 떨어지는 물방울이니라

14 집과 재물은 조상에게서 상속하거니와 슬기로운 아내는 여호와께로서 말미암느니라

15 게으름이 사람으로 깊이 잠들게 하나니 태만한 사람은 주릴 것이니라

16 계명을 지키는 자는 자기의 영혼을 지키거니와 자기의 행실을 삼가지 아니하는 자는 죽으리라

17 가난한 자를 불쌍히 여기는 것은 여호와께 꾸어 드리는 것이니 그의 선행을 그에게 갚아 주시리라

18 네가 네 아들에게 희망이 있은즉 그를 징계하되 죽일 마음은 두지 말지니라

19 노하기를 맹렬히 하는 자는 벌을 받을 것이라 네가 그를 건져 주면 다시 그런 일이 생기리라

20 너는 권고를 들으며 훈계를 받으라 그리하면 네가 필경은 지혜롭게 되리라

21 사람의 마음에는 많은 계획이 있어도 오직 여호와의 뜻만이 완전히 서리라

22 사람은 자기의 인자함으로 남에게 사모함을 받느니라 가난한 자는 거짓말하는 자보다 나으니라

23 여호와를 경외하는 것은 사람으로 생명에 이르게 하는 것이라 경외하는 자는 족하게 지내고 재앙을 당하지 아니하느니라

24 게으른 자는 자기의 손을 그릇에 넣고서도 입으로 올리기를 괴로워하느니라

25 거만한 자를 때리라 그리하면 어리석은 자도 지혜를 얻으리라 명철한 자를 견책하라 그리하면 그가 지식을 얻으리라

26 아비를 구박하고 어미를 쫓아내는 자는 부끄러움을 끼치며 능욕을 부르는 자식이니라

27 내 아들아 지식의 말씀에서 떠나게 하는 교훈을 듣지 말지니라

28 망령된 증인은 정의를 업신여기고 악인의 입은 죄악을 삼키느니라

29 심판은 거만한 자를 위하여 예비된 것이요 채찍은 어리석은 자의 등을 위하여 예비된 것이니라

잠언 읽고
잠언 쓰자

▶ 흙 묻은
금수저

저는 무슨 수저 같아 보이세요? 금수저 같은가요?

80년대 전국으로 방송되는 공영방송 KBS의 저녁 9시 뉴스 앵커를 했고, 영국으로 공부하러 가서 석, 박사학위를 받았으며, 대학교수, 공공기관 기관장을 맡았고, 전국에서 수많은 강의를 하고, 책을 여러 권 썼고, 성경을 읽어 녹음한 유튜브가 300만 조회수를 기록하고…….

이 정도면 금수저라고 해도 괜찮겠죠?

그런데 저는요, '흙 묻은 금수저'입니다. 그런 말은 처음 들어보셨다고요?

흙을 많이 묻히며 살았어요. 저는 2남 2녀의 맏이로 태어났어요. 아버지는 공무원이셨고, 어머니는 시부모님을 모시고 네 아이를 알뜰살뜰하게 키워 주신 가정주부셨지요.

제가 중학교 2학년 때였어요. 출근하시던 중, 아버지가 심근경색으로 갑자기 세상을 떠나셨습니다. 돌아보면 아버지가 돌아가신 일이 어린 저에게는 슬픔이라기보다 '분노'로 다가왔습니다. 왜 우리에게 이런 슬픈 일이 일어났을까? 이후 저는 '아버지'라는 단어를 제 입으로 발음해 본 적이 없었던 것 같습니다. 하기 싫었어요.

　엄마는 4남매를 잘 키우시려고 생계를 책임져야 하셨고, 저의 인생 목표는 열심히 공부해서 훌륭한 사람이 되어 엄마를 기쁘게 해드리는 것이었습니다. 그런데 그것도 그렇게 마음대로 되질 않더군요. 1차 대학에 실패하고, 재수를 권하시는 엄마 말씀을 듣지 않고, 2차 대학에 지원했습니다. 열등감에 가득 사로잡혀 3학년 까진 거의 공부를 하지 않았고, 연극, 방송반, 영자신문반 등 동아리 활동에만 정신이 팔려 다녔지요. 그러다가 4학년이 되어 정신을 차리고 보니 할 줄 아는 게 없었어요. 교사 임용시험을 보고 떨어지고, 기업 비서실에 들어가겠다고 타이프를 열심히 배웠으나 지원하려던 곳이 다른 회사와 합병되어 버리는 일도 생겼고요. 방송이 재미있을 것 같아 도전했는데 그것도 두 번이나 고배를 마시고 난 후, 드디어 KBS 8기 아나운서로 합격합니다. 1981년 5월이었습니다.

　이렇게 우여곡절, 흙 묻는 일이 많았던 저였으나, 제가 금수저라고 말하는 이유는 무엇일까요? 아버지가 공무원이셨으니 집이 부유하고 넉넉하지는 않았습니다. 그러나 제가 이 세상에 태어났을 때 우리 부모님은 얼마나 기쁘셨을까요? 이 세상 무엇과도 바꿀 수 없는 귀하고 귀한 선물을 받아들고 얼마나 감격하고 행복하셨을까 생각해 보았습니다. 적어도 그 순간 저는 금수저로 태어난 것입니다. 여러분, 가난한 집에 태어난 아이는 주먹 하나만큼 기쁘고, 부잣집에서 태어난 아이는 이보다 천 배 만 배 더 기쁠까요? 아니요, 절대 그렇지 않습니다. 그러니 우리는 모두 금수저로 태어나는 것입니다.

우린 모두 금수저로 태어납니다. 그리고 살다가 흙이 좀 묻을 수 있어요. 부모님 사업이 망할 수도 있고, 부모님 중 한 분이 세상을 떠나실 수도 있고, 또 살아서 헤어질 수도 있고요. 몸이 몹시 아플 수도 있고, 남들과 달리 장애를 안고 태어날 수도 있어요. 학교, 직장, 선거, 모든 도전에 거절당할 수도 있지요. 하지만 불합격이, 낙방이, 낙선이 실패만은 아니더라고요. 당선이나 합격이 반드시 성공이라 할 수 없는 것처럼 말이지요. 이제 우리도, 그리고 우리의 다음 세대도 절대로 흙수저라는 말은 입에 올리지도 맙시다. 우리는 모두 부모님의 사랑과 기쁨 속에서 금수저로 태어났습니다. 그뿐만 아니라 우리는 모두 아름다운 하나님의 자녀이지 않습니까? 아하자!

20장

1   포도주는 거만하게 하는 것이요 독주는 떠들게 하는 것이라 이에 미혹되는 자마다 지혜가 없느니라

2   왕의 진노는 사자의 부르짖음 같으니 그를 노하게 하는 것은 자기의 생명을 해하는 것이니라

3   다툼을 멀리 하는 것이 사람에게 영광이거늘 미련한 자마다 다툼을 일으키느니라

4   게으른 자는 가을에 밭 갈지 아니하나니 그러므로 거둘 때에는 구걸할지라도 얻지 못하리라

5   사람의 마음에 있는 모략은 깊은 물 같으니라 그럴지라도 명철한 사람은 그것을 길어 내느니라

6   많은 사람이 각기 자기의 인자함을 자랑하나니 충성된 자를 누가 만날 수 있으랴

7   온전하게 행하는 자가 의인이라 그의 후손에게 복이 있느니라

8   심판 자리에 앉은 왕은 그의 눈으로 모든 악을 흩어지게 하느니라

9   내가 내 마음을 정하게 하였다 내 죄를 깨끗하게 하였다 할 자가 누구냐

10 한결같지 않은 저울 추와 한결같지 않은 되는 다 여호와께서 미워하시느니라

잠언 읽고
———
잠언 쓰자

11 비록 아이라도 자기의 동작으로 자기 품행이 청결한 여부와 정직한 여부를 나타내느니라

12 듣는 귀와 보는 눈은 다 여호와께서 지으신 것이니라

13 너는 잠자기를 좋아하지 말라 네가 빈궁하게 될까 두려우니라 네 눈을 뜨라 그리하면 양식이 족하리라

14 물건을 사는 자가 좋지 못하다 좋지 못하다 하다가 돌아간 후에는 자랑하느니라

15 세상에 금도 있고 진주도 많거니와 지혜로운 입술이 더욱 귀한 보배니라

16 타인을 위하여 보증 선 자의 옷을 취하라 외인들을 위하여 보증 선 자는 그의 몸을 볼모 잡을지니라

17 속이고 취한 음식물은 사람에게 맛이 좋은 듯하나 후에는 그의 입에 모래가 가득하게 되리라

18 경영은 의논함으로 성취하나니 지략을 베풀고 전쟁할지니라

19 두루 다니며 한담하는 자는 남의 비밀을 누설하나니 입술을 벌린 자를 사귀지 말지니라

20 자기의 아비나 어미를 저주하는 자는 그의 등불이 흑암 중에 꺼짐을 당하리라

잠언 읽고
잠언 쓰자

21 처음에 속히 잡은 산업은 마침내 복이 되지 아니하느니라

22 너는 악을 갚겠다 말하지 말고 여호와를 기다리라 그가 너를 구원하시리라

23 한결같지 않은 저울 추는 여호와께서 미워하시는 것이요 속이는 저울은 좋지 못한 것이니라

24 사람의 걸음은 여호와로 말미암나니 사람이 어찌 자기의 길을 알 수 있으랴

25 함부로 이 물건은 거룩하다 하여 서원하고 그 후에 살피면 그것이 그 사람에게 덫이 되느니라

26 지혜로운 왕은 악인들을 키질하며 타작하는 바퀴를 그들 위에 굴리느니라

27 사람의 영혼은 여호와의 등불이라 사람의 깊은 속을 살피느니라

28 왕은 인자와 진리로 스스로 보호하고 그의 왕위도 인자함으로 말미암아 견고하니라

29 젊은 자의 영화는 그의 힘이요 늙은 자의 아름다움은 백발이니라

30 상하게 때리는 것이 악을 없이하나니 매는 사람 속에 깊이 들어가느니라

▶ 쓰면
이루어진다

《종이 위의 기적, 쓰면 이루어진다(Write It Down, Make It Happen)》.
헨리에트 앤 클라우저 박사가 쓴 책입니다. 이루고 싶은 일을 종
이 위에 쓰면 우연처럼 그 일이 일어난다는 겁니다. 사람들은 그
것을 기적이라 하지만 필연적으로 찾아오는 당연한 결과라는 거
지요.

가난하고 이름 없는 배우였던 짐 캐리는 자신이 유명해졌을 때
받고 싶은 출연료의 액수를 적은 수표를 지갑에 넣고 5년간 다녔
다고 합니다. 정확하게 5년 후 그는 자기가 써넣은 그 액수보다
더 많은 돈을 받는 세계적으로 유명한 배우가 되었지요.

저도 쓰기 시작했습니다. 구체적으로 씁니다. '…하고 싶다'보
다는 그것이 이루어진 것처럼 현재형으로 씁니다. 해가 뜨고 달
이 지는 것은 엄연한 자연현상이라 현재형으로 쓰는 것처럼 말이
죠. 반드시 이루어질 사실로 쓰는 겁니다. 그리고 쓴 날짜를 반드
시 기록합니다. 그래야 이루어진 날을 확인할 수 있지요. 이루어

진 날짜는 빨간색 펜으로 씁니다.

시내 혹은 교통 편한 곳으로 이사 간다.

(2005년 9월 23일 씀, 2010년 8월 이사)

서울 한복판에 내 사무실이 생긴다.

(2004년 12월 10일 씀, 2016년 3월 한국청소년활동진흥원 이사장 되

어 서대문에 사무실 생김)

딸이 학교 졸업식에 대표 스피치를 한다.

(2011년 5월 2일 씀, 2015년 5월 24일 고등학교 졸업식 때 이루어짐)

딸이 영어 스피치 대회에서 금상을 받는다.

(2005년 9월 23일 씀. 학교 대회에서 2007년 대상, 아리랑 TV 스피치

대회에서 대상 2007년)

심지어 이런 것들도 썼습니다.

아침마당에 출연한다.

(2011년 5월 2일 씀, 2016년 5월 5일 출연)

성경 읽기 기회가 생긴다.

(2006년 5월 30일 씀, 2018년 11월 CTS라디오에서 녹음 시작)

써 놓지 않았더라면 그냥 우연히 이루어진 일이라고 생각할 수도
있었겠지요? 이건 그냥 쓰기만 하면 이루어진다는 얘기가 아닙니

다. 쓰는 것은 바로 기도하는 것이었습니다. 간절한 소망에 하나님이 응답하신 것이었습니다. 선한 영향력을 펼칠 비전에 응답하신 것이었습니다. 쓰임 받기 위해 한 기도에 응답하신 것이었습니다.

저는 이 노트에 큰 제목을 다시 썼습니다.

'기도 수첩'

1   왕의 마음이 여호와의 손에 있음이 마치 봇물과 같아서 그가 임의로 인도하시느니라

2   사람의 행위가 자기 보기에는 모두 정직하여도 여호와는 마음을 감찰하시느니라

3   공의와 정의를 행하는 것은 제사 드리는 것보다 여호와께서 기쁘게 여기시느니라

4   눈이 높은 것과 마음이 교만한 것과 악인이 형통한 것은 다 죄니라

5   부지런한 자의 경영은 풍부함에 이를 것이나 조급한 자는 궁핍함에 이를 따름이니라

6   속이는 말로 재물을 모으는 것은 죽음을 구하는 것이라 곧 불려다니는 안개니라

7   악인의 강포는 자기를 소멸하나니 이는 정의를 행하기 싫어함이니라

8   죄를 크게 범한 자의 길은 심히 구부러지고 깨끗한 자의 길은 곧으니라

9   다투는 여인과 함께 큰 집에서 사는 것보다 움막에서 사는 것이 나으니라

10   악인의 마음은 남의 재앙을 원하나니 그 이웃도 그 앞에서 은혜를 입지 못하느니라

11 거만한 자가 벌을 받으면 어리석은 자도 지혜를 얻겠고 지혜로운 자가 교훈을 받으면 지식이 더하리라

12 의로우신 자는 악인의 집을 감찰하시고 악인을 환난에 던지시느니라

13 귀를 막고 가난한 자가 부르짖는 소리를 듣지 아니하면 자기가 부르짖을 때에도 들을 자가 없으리라

14 은밀한 선물은 노를 쉬게 하고 품 안의 뇌물은 맹렬한 분을 그치게 하느니라

15 정의를 행하는 것이 의인에게는 즐거움이요 죄인에게는 패망이니라

16 명철의 길을 떠난 사람은 사망의 회중에 거하리라

17 연락을 좋아하는 자는 가난하게 되고 술과 기름을 좋아하는 자는 부하게 되지 못하느니라

18 악인은 의인의 속전이 되고 사악한 자는 정직한 자의 대신이 되느니라

19 다투며 성내는 여인과 함께 사는 것보다 광야에서 사는 것이 나으니라

20 지혜 있는 자의 집에는 귀한 보배와 기름이 있으나 미련한 자는 이것을 다 삼켜 버리느니라

21 공의와 인자를 따라 구하는 자는 생명과 공의와 영광을 얻느니라

22 지혜로운 자는 용사의 성에 올라가서 그 성이 의지하는 방벽을 허느니라

23 입과 혀를 지키는 자는 자기의 영혼을 환난에서 보전하느니라

24 무례하고 교만한 자를 이름하여 망령된 자라 하나니 이는 넘치는 교만으로 행함이니라

25 게으른 자의 욕망이 자기를 죽이나니 이는 자기의 손으로 일하기를 싫어함이니라

26 어떤 자는 종일토록 탐하기만 하나 의인은 아끼지 아니하고 베푸느니라

27 악인의 제물은 본래 가증하거든 하물며 악한 뜻으로 드리는 것이랴

28 거짓 증인은 패망하려니와 확실히 들은 사람의 말은 힘이 있느니라

29 악인은 자기의 얼굴을 굳게 하나 정직한 자는 자기의 행위를 삼가느니라

30 지혜로도 못하고, 명철로도 못하고 모략으로도 여호와를 당하지 못하느니라

31 싸울 날을 위하여 마병을 예비하거니와 이김은 여호와께 있느니라

잠언 읽고
잠언 쓰자

쉐도잉(Shadowing)
하기

통역대학원에 다닐 때 배운 기법인데요. 예전엔 외국어 공부할 때 '잘 듣고 따라 해 보세요' 하는 걸로 많이 연습했지요. 그런데 짧은 문장일 때는 아무 문제 없지만, 긴 문장인 경우엔 조금 따라 하다가 길을 잃기 쉽지요. 그래서 따라 해야 할 문장을 1, 2초의 시간차를 두고 그림자처럼 따라 하는 것입니다. 시골 학교 다니다 서울로 전학을 오면 서울 애들이 시골 애의 사투리를 막 똑같이 따라 하며 놀리는 경우가 있었잖아요. 마치 그런 것처럼, 발음, 인토네이션(intonation, 억양) 등 똑같이 따라 하는 것입니다.

외국어 공부할 때도 아주 요긴한 방법이고요. 혹시 아주 정확한 한국어 읽기를 구사하고 싶은 분들께는 〈성경읽는 신권사〉를 들어보시길 권합니다. 지금 곧장 〈성경읽는 신권사〉 영상을 틀어놓고 따라 해 보세요. 아나운서가 되고 싶은 청년이 있으시면 권해 주셔도 좋고요. 한국어를 배우고 싶어 하는 외국인이 있다면 강력하게 추천해보는 것도 좋을 듯합니다.

22장

1 많은 재물보다 명예를 택할 것이요 은이나 금보다 은총을 더욱 택할 것이니라

2 가난한 자와 부한 자가 함께 살거니와 그 모두를 지으신 이는 여호와 시니라

3 슬기로운 자는 재앙을 보면 숨어 피하여도 어리석은 자는 나가다가 해를 받느니라

4 겸손과 여호와를 경외함의 보상은 재물과 영광과 생명이니라

5 패역한 자의 길에는 가시와 올무가 있거니와 영혼을 지키는 자는 이를 멀리 하느니라

6 마땅히 행할 길을 아이에게 가르치라 그리하면 늙어도 그것을 떠나지 아니하리라

7 부자는 가난한 자를 주관하고 빚진 자는 채주의 종이 되느니라

8 악을 뿌리는 자는 재앙을 거두리니 그 분노의 기세가 쇠하리라

9 선한 눈을 가진 자는 복을 받으리니 이는 양식을 가난한 자에게 줌이니라

10 거만한 자를 쫓아내면 다툼이 쉬고 싸움과 수욕이 그치느니라

11 마음의 정결을 사모하는 자의 입술에는 덕이 있으므로 임금이 그의 친구가 되느니라

12 여호와의 눈은 지식 있는 사람을 지키시나 사악한 사람의 말은 패하게 하시느니라

13 게으른 자는 말하기를 사자가 밖에 있은즉 내가 나가면 거리에서 찢기겠다 하느니라

14 음녀의 입은 깊은 함정이라 여호와의 노를 당한 자는 거기 빠지리라

15 아이의 마음에는 미련한 것이 얽혔으나 징계하는 채찍이 이를 멀리 쫓아내리라

16 이익을 얻으려고 가난한 자를 학대하는 자와 부자에게 주는 자는 가난하여질 뿐이니라

17 너는 귀를 기울여 지혜 있는 자의 말씀을 들으며 내 지식에 마음을 둘지어다

18 이것을 네 속에 보존하며 네 입술 위에 함께 있게 함이 아름다우니라

19 내가 네게 여호와를 의뢰하게 하려 하여 이것을 오늘 특별히 네게 알게 하였노니

20 내가 모략과 지식의 아름다운 것을 너를 위해 기록하여

21 네가 진리의 확실한 말씀을 깨닫게 하며 또 너를 보내는 자에게 진리의 말씀으로 회답하게 하려 함이 아니냐

22 약한 자를 그가 약하다고 탈취하지 말며 곤고한 자를 성문에서 압제하지 말라

잠언 읽고
잠언 쓰자

23 대저 여호와께서 신원하여 주시고 또 그를 노략하는 자의 생명을 빼앗으시리라

24 노를 품는 자와 사귀지 말며 울분한 자와 동행하지 말지니

25 그의 행위를 본받아 네 영혼을 올무에 빠뜨릴까 두려움이니라

26 너는 사람과 더불어 손을 잡지 말며 남의 빚에 보증을 서지 말라

27 만일 갚을 것이 네게 없으면 네 누운 침상도 빼앗길 것이라 네가 어찌 그리하겠느냐

28 네 선조가 세운 옛 지계석을 옮기지 말지니라

29 네가 자기의 일에 능숙한 사람을 보았느냐 이러한 사람은 왕 앞에 설 것이요 천한 자 앞에 서지 아니하리라

잠언 읽고
잠언 쓰자

▶ 왜 나만 겪는
고난이냐고

이런 찬양이 있어요. 〈왜 나만 겪는 고난이냐고〉(김석균 작곡).

왜 나만 겪는 고난이냐고 불평하지 마세요
고난의 뒤편에 있는 주님이 주실 축복 미리 보면서 감사하세요
너무 견디기 힘든 지금 이 순간에도 주님이 일하고 계시잖아요
남들은 지쳐 앉아있을지라도 당신만은 일어서세요

힘을 내세요 힘을 내세요 주님이 손잡고 계시잖아요
주님이 나와 함께함을 믿는다면 어떤 역경도 이길 수 있잖아요.

왜 이런 슬픔 찾아왔는지 원망하지 마세요
당신이 잃은 것보다 주님께 받은 은혜 더욱 많음에 감사하세요
너무 견디기 힘든 지금 이 순간에도 주님이 일하고 계시잖아요
남들은 지쳐 앉아있을지라도 당신만은 일어서세요

힘을 내세요 힘을 내세요 주님이 손 잡고 계시잖아요
주님이 나와 함께함을 믿는다면 어떤 고난도
견딜 수 있잖아요.

힘을 내세요 힘을 내세요 주님이 손잡고 계시잖아요
주님이 나와 함께함을 믿는다면 어떤 역경도 이길 수 있잖아요.

주님이 나와 함께함을 믿는다면 어떤 슬픔도 참을 수 있잖아요

제 인생에 아주 험한 고난이 있을 때, 이 찬양을 밤새 수없이 반복해 들었던 적이 있습니다. 눈물 콧물 다 흘리며 듣고 또 들었지요. 그 당시 높은 지대에 살았는데, 거실 창으로 내다보면 맞은편의 수없이 많은 집에서 켜놓은 불빛이 보였습니다. 저렇게 많은 집에도 나처럼 고난의 골짜기를 지나는 사람이 있을까? 시련의 강을 건너는 사람이 있을까? 겉으로 보기엔 나만 빼고 모두 평안하고 행복하게 이 밤에 평화롭게 잠을 자고 있을 것만 같았습니다.

이 찬양과 함께 주님이 주신 약속을 마음에 새기며 시편 118편을 읽었습니다.

내가 죽지 않고 살아서 여호와께서 하시는 일을 선포하리로다
여호와께서는 나를 심히 경책하셨어도 죽음에는 넘기지 아니
하셨도다
(시편 118:17~18)

　　지금은 사람들이 길가에 버린 돌처럼 내쳤지만, 나중엔 건물을
받치는 머릿돌(시편 118:22)로 쓰이는 날이 반드시 올 것이라고 믿
으며 버텼습니다.
　　지금 고난의 골짜기를 지나고 계신가요? 아니면 시련의 강을
건너고 계신가요? 세상은 인과응보가 아닙니다. 내 죄가 많아 벌
을 받느라 몸이 아프고, 재난을 당하고, 음해를 당하고 그러는게
아니랍니다. 하나님은 나에게 죄 때문에 시련을 주시는 것이 아니
라, 그분의 능력을 보여 주시기 위해 고난을 주시는 것입니다.(벧
전 4:12~19, 요 11:1~4)

23장

1 네가 관원과 함께 앉아 음식을 먹게 되거든 삼가 네 앞에 있는 자가 누구인지를 생각하며

2 네가 만일 음식을 탐하는 자이거든 네 목에 칼을 둘 것이니라

3 그의 맛있는 음식을 탐하지 말라 그것은 속이는 음식이니라

4 부자 되기에 애쓰지 말고 네 사사로운 지혜를 버릴지어다

5 네가 어찌 허무한 것에 주목하겠느냐 정녕히 재물은 스스로 날개를 내어 하늘을 나는 독수리처럼 날아가리라

6 악한 눈이 있는 자의 음식을 먹지 말며 그의 맛있는 음식을 탐하지 말지어다

7 대저 그 마음의 생각이 어떠하면 그 위인도 그러한즉 그가 네게 먹고 마시라 할지라도 그의 마음은 너와 함께 하지 아니함이라

8 네가 조금 먹은 것도 토하겠고 네 아름다운 말도 헛된 데로 돌아가리라

9 미련한 자의 귀에 말하지 말지니 이는 그가 네 지혜로운 말을 업신여길 것임이니라

10 옛 지계석을 옮기지 말며 고아들의 밭을 침범하지 말지어다

11 대저 그들의 구속자는 강하시니 그가 너를 대적하여 그들의 원한을 풀어 주시리라

12 훈계에 착심하며 지식의 말씀에 귀를 기울이라

13 아이를 훈계하지 아니하려고 하지 말라 채찍으로 그를 때릴지라도 그가 죽지 아니하리라

14 네가 그를 채찍으로 때리면 그의 영혼을 스올에서 구원하리라

15 내 아들아 만일 네 마음이 지혜로우면 나 곧 내 마음이 즐겁겠고

16 만일 네 입술이 정직을 말하면 내 속이 유쾌하리라

17 네 마음으로 죄인의 형통을 부러워하지 말고 항상 여호와를 경외하라

18 정녕히 네 장래가 있겠고 네 소망이 끊어지지 아니하리라

19 내 아들아 너는 듣고 지혜를 얻어 네 마음을 바른 길로 인도할지니라

20 술을 즐겨 하는 자들과 고기를 탐하는 자들과도 더불어 사귀지 말라

21 술 취하고 음식을 탐하는 자는 가난하여질 것이요 잠 자기를 즐겨 하는 자는 해어진 옷을 입을 것임이니라

22 너를 낳은 아비에게 청종하고 네 늙은 어미를 경히 여기지 말지니라

23 진리를 사되 팔지는 말며 지혜와 훈계와 명철도 그리할지니라

24 의인의 아비는 크게 즐거울 것이요 지혜로운 자식을 낳은 자는 그로 말미암아 즐거울 것이니라

25 네 부모를 즐겁게 하며 너를 낳은 어미를 기쁘게 하라

26 내 아들아 네 마음을 내게 주며 네 눈으로 내 길을 즐거워할지어다

27 대저 음녀는 깊은 구덩이요 이방 여인은 좁은 함정이라

잠언 읽고
잠언 쓰자

28 참으로 그는 강도 같이 매복하며 사람들 중에 사악한 자가 많아지게 하느니라

29 재앙이 뉘게 있느뇨 근심이 뉘게 있느뇨 분쟁이 뉘게 있느뇨 원망이 뉘게 있느뇨 까닭 없는 상처가 뉘게 있느뇨 붉은 눈이 뉘게 있느뇨

30 술에 잠긴 자에게 있고 혼합한 술을 구하러 다니는 자에게 있느니라

31 포도주는 붉고 잔에서 번쩍이며 순하게 내려가나니 너는 그것을 보지도 말지어다

32 그것이 마침내 뱀 같이 물 것이요 독사 같이 쏠 것이며

33 또 네 눈에는 괴이한 것이 보일 것이요 네 마음은 구부러진 말을 할 것이며

34 너는 바다 가운데에 누운 자 같을 것이요 돛대 위에 누운 자 같을 것이며

35 네가 스스로 말하기를 사람이 나를 때려도 나는 아프지 아니하고 나를 상하게 하여도 내게 감각이 없도다 내가 언제나 깰까 다시 술을 찾겠다 하리라

잠언 읽고
잠언 쓰자

▶ 고난이란
포장지에 싸여 온
축복

하나님을 모를 땐, 이랬습니다.

딩동~
고난이란 포장지에 싸인 택배 상자가 도착합니다. 그러면 '아
이코 이제 나 죽었구나' 하며 상자를 끌어안고 엉엉 울었습니다.
그러나 이젠 알지요. 그것이 무엇인지. 빨리 포장지를 벗깁니
다. 그리고 그 속에 들어있는 내용물을 꺼내 봅니다. 하나님이 우
리에게 주시려고 준비하신 축복이라는 선물을 꺼내 듭니다.
고난의 포장지를 벗긴다는 것은 말씀을 읽는 것입니다. 기도하
는 것입니다. 찬양하는 것입니다. 그러다 보면 하나님이 준비하신
축복이 어느새 내 손안에 들려있는 것을 발견하게 됩니다.

아, 하나님 바로 이거였군요. 이 선물을 주시려고 제게 앞서 고
난도 주셨군요.

1   너는 악인의 형통함을 부러워하지 말며 그와 함께 있으려고 하지도 말지어다

2   그들의 마음은 강포를 품고 그들의 입술은 재앙을 말함이니라

3   집은 지혜로 말미암아 건축되고 명철로 말미암아 견고하게 되며

4   또 방들은 지식으로 말미암아 각종 귀하고 아름다운 보배로 채우게 되느니라

5   지혜 있는 자는 강하고 지식 있는 자는 힘을 더하나니

6   너는 전략으로 싸우라 승리는 지략이 많음에 있느니라

7   지혜는 너무 높아서 미련한 자가 미치지 못할 것이므로 그는 성문에서 입을 열지 못하느니라

8   악행하기를 꾀하는 자를 일컬어 사악한 자라 하느니라

9   미련한 자의 생각은 죄요 거만한 자는 사람에게 미움을 받느니라

10   네가 만일 환난 날에 낙담하면 네 힘이 미약함을 보임이니라

11   너는 사망으로 끌려가는 자를 건져 주며 살륙을 당하게 된 자를 구원하지 아니하려고 하지 말라

12   네가 말하기를 나는 그것을 알지 못하였노라 할지라도 마음을 저울질 하시는 이가 어찌 통찰하지 못하시겠으며 네 영혼을 지키시는 이가 어찌 알지 못하시겠느냐 그가 각 사람의 행위대로 보응하시리라

13 내 아들아 꿀을 먹으라 이것이 좋으니라 송이꿀을 먹으라 이것이 네 입에 다니라

14 지혜가 네 영혼에게 이와 같은 줄을 알라 이것을 얻으면 정녕히 네 장래가 있겠고 네 소망이 끊어지지 아니하리라

15 악한 자여 의인의 집을 엿보지 말며 그가 쉬는 처소를 헐지 말지니라

16 대저 의인은 일곱 번 넘어질지라도 다시 일어나려니와 악인은 재앙으로 말미암아 엎드러지느니라

17 네 원수가 넘어질 때에 즐거워하지 말며 그가 엎드러질 때에 마음에 기뻐하지 말라

18 여호와께서 이것을 보시고 기뻐하지 아니하사 그의 진노를 그에게서 옮기실까 두려우니라

19 너는 행악자들로 말미암아 분을 품지 말며 악인의 형통함을 부러워하지 말라

20 대저 행악자는 장래가 없겠고 악인의 등불은 꺼지리라

21 내 아들아 여호와와 왕을 경외하고 반역자와 더불어 사귀지 말라

22 대저 그들의 재앙은 속히 임하리니 그 둘의 멸망을 누가 알랴

23 이것도 지혜로운 자들의 말씀이라 재판할 때에 낯을 보아 주는 것이 옳지 못하니라

24 악인에게 네가 옳다 하는 자는 백성에게 저주를 받을 것이요 국민에게 미움을 받으려니와

25 오직 그를 견책하는 자는 기쁨을 얻을 것이요 또 좋은 복을 받으리라

26 적당한 말로 대답함은 입맞춤과 같으니라

27 네 일을 밖에서 다스리며 너를 위하여 밭에서 준비하고 그 후에 네 집을 세울지니라

28 너는 까닭 없이 네 이웃을 쳐서 증인이 되지 말며 네 입술로 속이지 말지니라

29 너는 그가 내게 행함 같이 나도 그에게 행하여 그가 행한 대로 그 사람에게 갚겠다 말하지 말지니라

30 내가 게으른 자의 밭과 지혜 없는 자의 포도원을 지나며 본즉

31 가시덤불이 그 전부에 퍼졌으며 그 지면이 거친 풀로 덮였고 돌담이 무너져 있기로

32 내가 보고 생각이 깊었고 내가 보고 훈계를 받았노라

33 네가 좀더 자자, 좀더 졸자, 손을 모으고 좀더 누워 있자 하니

34 네 빈궁이 강도 같이 오며 네 곤핍이 군사 같이 이르리라

▶ 걱정 리스트,
기도 리스트

저는 걱정이 많은 사람입니다. 좀 더 정확히 말하면 할 일 목록이 늘 많은 사람이라고 할까요? 아침에 일어나면 그날 해야 할 일을 쭉 적어놓아야 덜 불안하고요. 어떤 때는 자려고 누웠다가도 할 일이 너무 많이 생각나 다시 일어나 메모지에 내일 할 일을 적어놓고서야 마음이 놓여 잠을 청하기도 합니다. 매일 매일도 그러니, 장기적으로도 해야 할 일이 얼마나 많겠습니까?

어느 날, 염려와 불안으로 안달하고 있는 저 자신이 너무 딱했습니다. 작정하고 하얀 종이 한 장을 꺼냈습니다.

'너 무엇 때문에 걱정하고 있는데?' 하며 하나씩 적어가기 시작했습니다. 아예 제목을 '걱정 리스트'라고 붙였습니다. 한 장을 다 채우고 나서 훑어보니 참 우스웠습니다. 대략 세 가지 카테고리의 걱정과 염려가 있더군요.

첫째로, 당장 팔을 걷어붙이고 할 수 있는 걱정들이었습니다. 서랍 정리, 옷장 정리, 밀린 설거지, 굵은 소금 주문하기, 친구에게 전화하기, 마감을 앞둔 원고 등등. 리스트를 쓸 시간에 당장 했으면 벌써 끝낼 수도 있는 일이지요.

그런가 하면, 내 힘으로 할 일이 아닌 것도 있었습니다. 남편이 노력해 주어야 하고, 딸이 애써 주어야 하는 일이고, 주변 사람들이 도와주어야 하는 일도 많았습니다. 그러니 내가 안달하고 걱정한다고 될 일도 아니고, 입을 열어 자꾸 말하면, 잔소리로 들릴 수 있으니 내가 개입 하지 않는 게 차라리 좋을 일이지요.

그리고 또 한 가지의 걱정은 걱정해 보아야 아무 도움이 안 되는 입니다. 하나님 정도의 전지전능하신 분이나 해결하실 수 있으실까 한 일들이요.

리스트를 훑어보다가 뭔가 큰 깨달음이 왔습니다. 그래, 내가 할 수 있는 일은 걱정만 하지 말고 당장 하자. 그리고 내가 할 수 없는 일은 걱정도 하지 말자. 빨간 볼펜을 꺼내, '걱정 리스트'라는 제목에 두 줄을 박박 그었습니다. 그리고 새로운 제목을 써넣었습니다. '기도 리스트'라고. 그리고 하얀 봉투를 꺼내, '기도 리스트'를 잘 접어 넣었습니다. 아예 풀을 붙이고, 봉투 겉면에 썼습니다. Dear God.

이제 제가 할 일은 없네요. 다시 들여다볼 필요도 없고요. 기도만 하면 됩니다. 오래 지난 후 봉투를 열어 보았습니다. 많은 일이 이미 해결되었더군요. 할렐루야.

25장

솔로몬의 잠언

1 이것도 솔로몬의 잠언이요 유다 왕 히스기야의 신하들이 편집한 것이니라

2 일을 숨기는 것은 하나님의 영화요 일을 살피는 것은 왕의 영화니라

3 하늘의 높음과 땅의 깊음 같이 왕의 마음은 헤아릴 수 없느니라

4 은에서 찌꺼기를 제하라 그리하면 장색의 쓸 만한 그릇이 나올 것이요

5 왕 앞에서 악한 자를 제하라 그리하면 그의 왕위가 의로 말미암아 견고히 서리라

6 왕 앞에서 스스로 높은 체하지 말며 대인들의 자리에 서지 말라

7 이는 사람이 네게 이리로 올라오라고 말하는 것이 네 눈에 보이는 귀인 앞에서 저리로 내려가라고 말하는 것보다 나음이니라

8 너는 서둘러 나가서 다투지 말라 마침내 네가 이웃에게서 욕을 보게 될 때에 네가 어찌할 줄을 알지 못할까 두려우니라

9 너는 이웃과 다투거든 변론만 하고 남의 은밀한 일은 누설하지 말라

10 듣는 자가 너를 꾸짖을 터이요 또 네게 대한 악평이 네게서 떠나지 아니할까 두려우니라

11 경우에 합당한 말은 아로새긴 은 쟁반에 금 사과니라

잠언 읽고
잠언 쓰자

12 슬기로운 자의 책망은 청종하는 귀에 금 고리와 정금 장식이니라

13 충성된 사자는 그를 보낸 이에게 마치 추수하는 날에 얼음 냉수 같아서 능히 그 주인의 마음을 시원하게 하느니라

14 선물한다고 거짓 자랑하는 자는 비 없는 구름과 바람 같으니라

15 오래 참으면 관원도 설득할 수 있나니 부드러운 혀는 뼈를 꺾느니라

16 너는 꿀을 보거든 족하리만큼 먹으라 과식함으로 토할까 두려우니라

17 너는 이웃집에 자주 다니지 말라 그가 너를 싫어하며 미워할까 두려우니라

18 자기의 이웃을 쳐서 거짓 증거하는 사람은 방망이요 칼이요 뾰족한 화살이니라

19 환난 날에 진실하지 못한 자를 의뢰하는 것은 부러진 이와 위골된 발 같으니라

20 마음이 상한 자에게 노래하는 것은 추운 날에 옷을 벗음 같고 소다 위에 식초를 부음 같으니라

21 네 원수가 배고파하거든 음식을 먹이고 목말라하거든 물을 마시게 하라

22 그리 하는 것은 핀 숯을 그의 머리에 놓는 것과 일반이요 여호와께서 네게 갚아 주시리라

23 북풍이 비를 일으킴 같이 참소하는 혀는 사람의 얼굴에 분을 일으키느니라

24 다투는 여인과 함께 큰 집에서 사는 것보다 움막에서 혼자 사는 것이 나으니라

25 먼 땅에서 오는 좋은 기별은 목마른 사람에게 냉수와 같으니라

26 의인이 악인 앞에 굴복하는 것은 우물이 흐려짐과 샘이 더러워짐과 같으니라

27 꿀을 많이 먹는 것이 좋지 못하고 자기의 영예를 구하는 것이 헛되니라

28 자기의 마음을 제어하지 아니하는 자는 성읍이 무너지고 성벽이 없는 것과 같으니라

잠언 읽고
───
잠언 쓰자

엄마의
말하기

딸 아이가 어렸을 때, 숙제하며 엄마에게 의견을 묻는 경우가 있
었습니다. 나름대로 정성껏 대답을 해 주었습니다. 나중에 답을
써낸 것을 보니 엄마가 해 준 말은 간곳없고 자기 의견대로 써내
었더군요. 제가 얘기할 때 메모도 하고 고개도 끄덕였는데 말이
죠. 처음엔 이거 뭐지? 했습니다. 그러다 가만히 생각하니 무척 기
쁘더군요. 엄마 말을 참고로만 할 뿐, 자기 의사를 명확하게 쓸 줄
아는 아이라서 기뻤습니다. 고마웠습니다. 아마도 엄마가 해 준
말을 그대로 썼더라면 무척 실망했을 것입니다. 자녀 교육이란 게
참 어려운 것이더군요.

아이를 크게 키우는 말은 무엇이고 아이를 아프게 하는 말은
무엇일까요? 어떤 엄마가 자녀에게 하는 소리를 듣고 깜짝 놀란
적이 있어요. '내가 너 때문에 미쳐 죽는다!' 멀쩡한 아이인데, 잘
먹고, 잘 자는 아이인데, 엄마 보기엔 좀 잠이 많고 자기 주도적으

로 공부에 열을 내지 않는다는 뜻으로 한 이야기겠지요. 그래도 자식에게 그렇게까지 말해야 할까? 하는 생각이 들었습니다. 나중에 어떤 불의의 사고로 그 부모가 정말 그 글자 그대로 미쳐 죽을 지경으로 고통을 받는 것을 보았습니다. 얼마나 안타까웠는지 모릅니다.

캐롤 메이홀은 《말: 덕이 되는 말, 해가 되는 말》에서 아이의 말과 행동, 관심사, 주변 환경을 유심히 살펴보라고 권합니다. 아이와 말이 안 통하는 경우 부모가 아이의 입을 막고 있는 경우도 있다고 합니다.

때론 아이에게 '미안하다'라는 말도 하셔야 합니다. 사과의 말은 부모의 권위를 떨어뜨리는 것이 아니라 아이와의 벽을 허물어주는 약이 되는 경우도 있으니까요. 빨리할수록 효과적이라니 부모인 나의 말의 태도를 어서 돌아보기 바랍니다. 자녀를 부정적으로 규정하지 마십시오. 무능하다, 게으르다, 머리가 나쁘다. 특히 다른 사람 앞에서 자녀를 그렇게 규정짓는 말을 하시면 안 됩니다. 자녀를 나쁜 사람으로 규정하지 말기 바랍니다. 그런 말을 한 번 할 때마다 아이는 고개를 숙이고, 자신을 탓하고, 자존감이 낮은 성인으로 자라게 됩니다.

사실 교육에는 왕도가 없고 정도가 없을 겁니다. 아이마다 다 성품이 다르고 기질이 다르기 때문입니다. 매뉴얼대로 해서 모두 잘하면 누군들 실패할 리가 있겠습니까? 단, 오래 참아주는 것은 꼭 필요하리라 믿습니다.

제 아이는 어려서 말이 없었습니다. 그냥 과묵한 정도가 아니라 속이 답답할 정도로 표현을 안 했습니다, 어린이집 재롱잔치를 할 때였습니다. 일고여덟 명이 나란히 서서 그동안 배운 걸 발표하는 날인데, 키가 커서 맨 끝에 선 내 딸이 전혀 움직이질 않고 서 있는 겁니다. 그냥 차렷 자세로. '내가 왜 이 아기들과 같이 율동을 하느냐, 창피하게' 그런 표정으로 말이지요. 손녀딸 재롱잔치를 보러 잔뜩 기대하고 가신 외할머니는 거의 혼절하실 정도로 충격을 받으셨지요.

아이가 대여섯 살쯤 되었을 때, 남편이 일하는 지역 행사에 데리고 간 날이었습니다. 사람은 많고 날은 찌는 듯이 덥고, 보는 사람마다 반갑다고 땀으로 범벅이 된 아이의 머리를 쓰다듬었습니다. '넌 왜 이쁜 엄마를 안 닮고 아빠를 닮았니?' 그런 말을 하시는 분도 계셨어요. 도대체 무슨 의미이신지. 아빠가 왜요? 얼마나 잘생겼는데…….

어떤 할머니께서 귀엽다고 머리를 쓰다듬고 말을 시킬 때 드디어 사건이 일어났습니다. 인사는커녕 얼굴을 찡그리고 짜증을 내는 것이었습니다. 그날 집에 돌아와 이 엄마는 폭발하고 말았습니다. 아빠 일하시는 곳에 나가 그런 태도를 하는 게 잘하는 일이냐고, 어르신께 무슨 태도냐고 엄청나게 야단을 치고, 반성문을 석 장이나 쓰라고 벌을 주었습니다. 울면서 반성문을 쓰는 고사리손을 보며 얼마나 마음이 아팠는지 모릅니다.

학교에 들어가니, 담임선생님과 다른 아이 엄마들이 제게 와서 이룹니다. '웃는 얼굴 안 한다.' '인사 안 한다.' '발표 안 한다.' '손 들고 대답하는 적이 없다.' 그 당시는 속이 터질 것 같고 이걸 어떻게 고쳐주나 골머리를 앓았습니다.

몇 번 지적하고 격려도 해 보았지만, 쉽사리 나아지지 않았습니다. 그러나 나중에 깨달았습니다. 아이가 성품이 나빠서도 아니고, 예의를 몰라서도 아니었을 겁니다. 남 앞에서 수줍고 겸연쩍어하는 아이라는 걸 이해하게 되었습니다. 더욱이 남의 집 아이들과 다르게, 너무나 많은 사람 앞에 데리고 다니니 그 어린애에게 감당이 안 되었던 것이었습니다. 나중에 딸이 제게 하는 말을 듣고 깜짝 놀랐습니다. 엄마는 밖에서는 다른 사람들에게 친절하게 웃고, 집에 들어와 자기에게는 무서운 얼굴하고 찡그린다고. 어머나, 그랬었구나. 밖에서는 누구에게도 험한 말 하지 못하고 착하고 친절하게 굴고, 아이에게는 엄한 엄마로 '똑바로 서. 웃는 얼굴, 배꼽 인사!' 하며 얼마나 무섭게 했었는지. 아가야, 엄마가 정말 잘못했구나. 미안하다.

오랫동안 참아주고 기다려야겠다고 생각했습니다. 기도했습니다. 하나님께서 만져주시길 기도했습니다.

놀랍게도 아이가 변하더군요. 고등학교 들어가선 친구들 앞에서 좌중을 떠나가게 웃게 하는 스피치를 한 적도 있고, 학생 대표로 졸업식에서 연설을 하기도 했습니다. 보통 다른 학교에선 최고 성적인 학생이 대표 연설을 하는데, 제 딸 학교에서는 투표로 연설자를 결정했다고 해서 더 기뻤습니다. 우선 학생 자신이 하겠다고 자원을 해야 하는 것이었고요. 친구들을 찾아다니며 자신을 뽑아달라고 설득을 해야 했다고 합니다. 그렇게 해서 결정이 된 것이라니 제 아이에게 얼마나 많은 성품의 변화가 생긴 것인지요. 모든 것이 하나님 은혜였습니다. 기도의 응답이었습니다.

26장

1 미련한 자에게는 영예가 적당하지 아니하니 마치 여름에 눈 오는 것과 추수 때에 비 오는 것 같으니라

2 까닭 없는 저주는 참새가 떠도는 것과 제비가 날아가는 것 같이 이루어지지 아니하느니라

3 말에게는 채찍이요 나귀에게는 재갈이요 미련한 자의 등에는 막대기니라

4 미련한 자의 어리석은 것을 따라 대답하지 말라 두렵건대 너도 그와 같을까 하노라

5 미련한 자에게는 그의 어리석음을 따라 대답하라 두렵건대 그가 스스로 지혜롭게 여길까 하노라

6 미련한 자 편에 기별하는 것은 자기의 발을 베어 버림과 해를 받음과 같으니라

7 저는 자의 다리는 힘 없이 달렸나니 미련한 자의 입의 잠언도 그러하니라

8 미련한 자에게 영예를 주는 것은 돌을 물매에 매는 것과 같으니라

9 미련한 자의 입의 잠언은 술 취한 자가 손에 든 가시나무 같으니라

10 장인이 온갖 것을 만들지라도 미련한 자를 고용하는 것은 지나가는 행인을 고용함과 같으니라

11 개가 그 토한 것을 도로 먹는 것 같이 미련한 자는 그 미련한 것을 거
듭 행하느니라

12 네가 스스로 지혜롭게 여기는 자를 보느냐 그보다 미련한 자에게 오
히려 희망이 있느니라

13 게으른 자는 길에 사자가 있다 거리에 사자가 있다 하느니라

14 문짝이 돌쩌귀를 따라서 도는 것 같이 게으른 자는 침상에서 도느니라

15 게으른 자는 그 손을 그릇에 넣고도 입으로 올리기를 괴로워하느니라

16 게으른 자는 사리에 맞게 대답하는 사람 일곱보다 자기를 지혜롭게
여기느니라

17 길로 지나가다가 자기와 상관 없는 다툼을 간섭하는 자는 개의 귀를
잡는 자와 같으니라

18 횃불을 던지며 화살을 쏘아서 사람을 죽이는 미친 사람이 있나니

19 자기의 이웃을 속이고 말하기를 내가 희롱하였노라 하는 자도 그러
하니라

20 나무가 다하면 불이 꺼지고 말쟁이가 없어지면 다툼이 쉬느니라

21 숯불 위에 숯을 더하는 것과 타는 불에 나무를 더하는 것 같이 다툼
을 좋아하는 자는 시비를 일으키느니라

22 남의 말 하기를 좋아하는 자의 말은 별식과 같아서 뱃속 깊은 데로
내려가느니라

잠언 읽고
잠언 쓰자

23 온유한 입술에 악한 마음은 낮은 은을 입힌 토기니라

24 원수는 입술로는 꾸미고 속으로는 속임을 품나니

25 그 말이 좋을지라도 믿지 말 것은 그 마음에 일곱 가지 가증한 것이 있음이니라

26 속임으로 그 미움을 감출지라도 그의 악이 회중 앞에 드러나리라

27 함정을 파는 자는 그것에 빠질 것이요 돌을 굴리는 자는 도리어 그것에 치이리라

28 거짓말 하는 자는 자기가 해한 자를 미워하고 아첨하는 입은 패망을 일으키느니라

잠언 읽고
———
잠언 쓰자

▶ 하나님을
만난 날

하나님을 만나는 사건도 사람마다 다르더군요. 똑똑하고 따지기 좋아하시는 분은 하나님을 만나면 정말 충격적으로 몇 날 며칠을 울며 떼굴떼굴 구르기도 한다고 들었습니다. 저는 제 성품대로 그냥 아주 조용한 가운데 하나님이 저를 만나 주셨습니다.

여느 날처럼 성전에서 예배드리는 날이었습니다. 목사님께서 기도를 시작하셨습니다.

"여러분 모두 기도하시겠습니다. 하나님 아버지⋯⋯."

그때 그 '아버지'라는 단어가 제 마음을 마구 울렸습니다. 마치 동굴 속에서의 울림처럼 아버지, 아버지, 아버지⋯ 아버지? 아버지, 거기 계세요?

저는 마음의 눈을 열고 하늘에 계신 아버지를 처다보았습니다. 저는 중학교 2학년 때 세상 아버지가 돌아가신 다음부터 '아버지'란 단어를 제 입에 올려 본 적이 없었습니다. 입에 올리기 싫었습니다. 왜 나만? 우리가 뭘 잘못했는데 아버지 없는 아이야?

그리고 공부 열심히 하고 훌륭한 사람이 되어 혼자 애쓰시는 엄마를 기쁘게 해드리는 게 제 인생의 무거운 짐이었습니다. 이 무거운 짐을 양어깨에 잔뜩 지고 날마다 땅만 보고 걸었습니다. 그러니 어떤 날은 구름 낀 날, 어떤 날은 비 오는 날 그랬지요. 언제 햇빛 쨍쨍 내리비치는 날은 없었던 것 같았습니다.

그런데 그날 저는 저 위에서 저를 바라보고 계신 하나님 아버지의 존재를 알게 된 것입니다. '아버지, 저 아세요? 저처럼 부족하고 못난 사람도 하나님 아시나요? 자녀 삼아 주시나요?'하고 하나님 품에 안기게 되었습니다. 하나님은 그동안 저를 내려다보고 오랫동안 부르셨던 것 같습니다.

"사랑하는 내 딸아, 그렇게 무거운 짐 지고 땅만 보고 걷지 말아라. 여길 올려다보려무나. 내가 네 손 잡아 줄게. 그 짐 내게 맡겨라."

그날 저는 두 손을 반짝 다 들었습니다. 항복하고 말았습니다.

Surrender! 서부 영화에 보면 등 뒤에 총을 들이댈 때가 있지요. 그러면 두 손을 번쩍 듭니다. 잘못했어요. 목숨만 살려주세요.

그러나 하나님 앞에 두 손 들고 항복하는 것은 '회개하는 것'이라고 합니다.

어떤 분은 그러시겠지요. 난 그리 회개할 게 없는데. 나 착하게 살았어.

네, 그렇지만 하나님 앞에서 회개란, **내가 주인인 줄 알고 살았던 세월이 죄임을** 아는 것입니다. 하나님이 주인이신데 내가 내 인생의 주인이라고 살았던 세월이 죄라는 것이지요. 왕 되신 하나님을 인정하지 않고 내가 주인이라고 살았던 게 죄였던 겁니다.

하긴 학교가, 사회가 그렇게 가르쳐 주었습니다. 네 인생을 살아라. 네가 네 인생의 주인공이다. 그런데 모든 일이 내 맘대로 잘 되던가요? 자식이 내 맘대로 잘 자라 주던가요? 돈이 내 마음대로 잘 벌리던가요? 내 뜻대로 성공이 찾아오던가요? 그렇지 않았습니다. 내가 할 수 없는 일을 내가 하려 했으니, 사는 게 고단하고 핍절하고 내 맘대로 되는 일이 없었던 것입니다.

아, 그랬군요. 하나님이 거기 계셨군요. 내 인생을 이끌고 가시는 분이 하나님이시군요.

저는 그날 하나님 앞에서 두 손을 들고 제 인생을 맡겼습니다. 하나님, 이제 저 모릅니다. 제 인생 이끌어 주세요. 제 두 손 잡아 주세요. 그리고 이후 제 인생은 늘 날마다 햇빛 쨍쨍 내리비치는 날이 되었습니다.

27장

1   너는 내일 일을 자랑하지 말라 하루 동안에 무슨 일이 일어날는지 네가 알 수 없음이니라

2   타인이 너를 칭찬하게 하고 네 입으로는 하지 말며 외인이 너를 칭찬하게 하고 네 입술로는 하지 말지니라

3   돌은 무겁고 모래도 가볍지 아니하거니와 미련한 자의 분노는 이 둘보다 무거우니라

4   분은 잔인하고 노는 창수 같거니와 투기 앞에야 누가 서리요

5   면책은 숨은 사랑보다 나으니라

6   친구의 아픈 책망은 충직으로 말미암는 것이나 원수의 잦은 입맞춤은 거짓에서 난 것이니라

7   배부른 자는 꿀이라도 싫어하고 주린 자에게는 쓴 것이라도 다니라

8   고향을 떠나 유리하는 사람은 보금자리를 떠나 떠도는 새와 같으니라

9   기름과 향이 사람의 마음을 즐겁게 하나니 친구의 충성된 권고가 이와 같이 아름다우니라

10   네 친구와 네 아비의 친구를 버리지 말며 네 환난 날에 형제의 집에 들어가지 말지어다 가까운 이웃이 먼 형제보다 나으니라

11   내 아들아 지혜를 얻고 내 마음을 기쁘게 하라 그리하면 나를 비방하는 자에게 내가 대답할 수 있으리라

잠언 읽고
잠언 쓰자

12 슬기로운 자는 재앙을 보면 숨어 피하여도 어리석은 자들은 나가다가 해를 받느니라

13 타인을 위하여 보증 선 자의 옷을 취하라 외인들을 위하여 보증 선 자는 그의 몸을 볼모 잡을지니라

14 이른 아침에 큰 소리로 자기 이웃을 축복하면 도리어 저주 같이 여기게 되리라

15 다투는 여자는 비 오는 날에 이어 떨어지는 물방울이라

16 그를 제어하기가 바람을 제어하는 것 같고 오른손으로 기름을 움키는 것 같으니라

17 철이 철을 날카롭게 하는 것 같이 사람이 그의 친구의 얼굴을 빛나게 하느니라

18 무화과나무를 지키는 자는 그 과실을 먹고 자기 주인에게 시중드는 자는 영화를 얻느니라

19 물에 비치면 얼굴이 서로 같은 것 같이 사람의 마음도 서로 비치느니라

20 스올과 아바돈은 만족함이 없고 사람의 눈도 만족함이 없느니라

21 도가니로 은을, 풀무로 금을, 칭찬으로 사람을 단련하느니라

22 미련한 자를 곡물과 함께 절구에 넣고 공이로 찧을지라도 그의 미련은 벗겨지지 아니하느니라

23 네 양 떼의 형편을 부지런히 살피며 네 소 떼에게 마음을 두라

24 대저 재물은 영원히 있지 못하나니 면류관이 어찌 대대에 있으랴

25 풀을 벤 후에는 새로 움이 돋나니 산에서 꼴을 거둘 것이니라

26 어린 양의 털은 네 옷이 되며 염소는 밭을 사는 값이 되며

27 염소의 젖은 넉넉하여 너와 네 집의 음식이 되며 네 여종의 먹을 것이 되느니라

**▶ 우선순위 1번에
하나님의 일을 두라**

제 남편은 모태신앙입니다. 평안북도 선천이 고향으로 우리나라 기독교가 맨 처음 들어왔던 지역이라 '대한민국의 예루살렘'이라고 부르기도 합니다. 어머니의 기도가 많이 쌓인 아들입니다. 유치원 교사였던 어머니가 풍금으로 쳐주시는 찬송가를 많이 듣고 자라 지금도 찬송가를 들어야 잠이 오는 사람입니다.

그러나 모태, 모태, 못해, 못해……. 못하는 일도 많습니다. 외국 특파원으로, 기자 생활로 바쁘다 보니, 매일매일 성경 읽기, 꼬박꼬박 봉사하기 등 지키기 어려운 일도 많았으리라 생각합니다.

그러나 함께 살아보니, '뼛속 깊이 하나님 자식' '혈관에 흐르는 피가 하나님 아들'이라는 생각이 들 때가 많습니다.

중학교 때 잠시 교회에 가본 이후 아주 오랜만에 교회에 갔습니다. 남편을 따라서요. 제가 결혼할 때 친정어머니께서는 십자가 목걸이를 사주시면서 당부하셨습니다.

"너는 예수 믿는 집으로 시집가니 남편 따라 교회에 가야 한다."

저희 어머니는 제사 모시는 유교 집안으로 시집오셔서 일 년에 열두 번씩 제사를 지내시는 종갓집 맏며느리이셨는데 말이지요.

덕분에 저는 아무 장애물도, 부담도 없이 자연스럽게 남편 손 잡고 교회에 가기 시작했습니다. 교회 나간 지 얼마 안 되어 쓰임 받을 일이 생겼습니다. 부활절을 맞아 '예수 수난 칸타타'를 하는데, 내레이션을 부탁받았습니다. 아싸, 드디어 쓰임을 받게 되는구나! 기쁜 마음으로 수락했습니다.

그런데 그 당시 남편은 생애 처음 정치에 발을 들여 첫 번째 국회의원선거에 출마했었습니다. 공교롭게도 교회에서 내레이션을 하는 날과 큰 운동장에서 많은 구민을 모셔놓고 후보자들이 차례대로 나와 이야기하는 '합동 유세' 날이 같은 날 같은 시간에 겹친 것이었습니다.

고민 끝에 목사님께 양해를 구해야겠다고 생각하며 우선 남편과 의논을 했습니다. 그런데 남편의 입에서 저는 상상도 하지 못한 말을 듣게 되었습니다.

"여보, 교회와의 약속은 하나님과의 약속이에요. 그러니 당신은 교회로 가요. 합동 유세는 내가 알아서 잘할게."

아니, 그럴 수도 있나요. 오! 그럴 수도 있군요. 진짜 모태신앙은 다르구나, 했습니다.

그날 20분간 연설하고 선거구민들의 마음이 다 열렸다고 합니다. '이 사람을 한 번 믿어볼까? 우리 곁에서 슬플 때나 기쁠 때나 우리를 섬겨준다고 하네.'

저는 확신합니다. 사람이 아무리 말을 잘한들, (물론 말을 잘하긴
하지만) 20분 동안 연설해서 그 많은 사람의 마음을 한 번에 열어
놓을 수는 없다고 생각합니다. 분명 하나님께서 거기 계셨습니다.
우리 두 사람이 앉아서 '교회와의 약속은 하나님과의 약속'이라고
말할 때 하나님이 들으셨다고 생각합니다.

"그래, 고맙다. 너희 마음이 예쁘구나. 그 마음 내가 받아줄게.
그리고 그다음 일은 내가 다 알아서 해줄게."

열이면 아홉 다 안 될 거라던 그 선거, 아무도 기대하지 않았던
그 선거에서 남편은 서울에서 가장 많은 표를 받아 서울 한복판
에서 당당히 당선되었습니다.

하나님이 하셨습니다!

28장

1 악인은 쫓아오는 자가 없어도 도망하나 의인은 사자 같이 담대하니라

2 나라는 죄가 있으면 주관자가 많아져도 명철과 지식 있는 사람으로 말미암아 장구하게 되느니라

3 가난한 자를 학대하는 가난한 자는 곡식을 남기지 아니하는 폭우 같으니라

4 율법을 버린 자는 악인을 칭찬하나 율법을 지키는 자는 악인을 대적하느니라

5 악인은 정의를 깨닫지 못하나 여호와를 찾는 자는 모든 것을 깨닫느니라

6 가난하여도 성실하게 행하는 자는 부유하면서 굽게 행하는 자보다 나으니라

7 율법을 지키는 자는 지혜로운 아들이요 음식을 탐하는 자와 사귀는 자는 아비를 욕되게 하는 자니라

8 중한 변리로 자기 재산을 늘리는 것은 가난한 사람을 불쌍히 여기는 자를 위해 그 재산을 저축하는 것이니라

9 사람이 귀를 돌려 율법을 듣지 아니하면 그의 기도도 가증하니라

10 정직한 자를 악한 길로 유인하는 자는 스스로 자기 함정에 빠져도 성실한 자는 복을 받느니라

잠언 읽고
———
잠언 쓰자

11 부자는 자기를 지혜롭게 여기나 가난해도 명철한 자는 자기를 살펴 아느니라

12 의인이 득의하면 큰 영화가 있고 악인이 일어나면 사람이 숨느니라

13 자기의 죄를 숨기는 자는 형통하지 못하나 죄를 자복하고 버리는 자는 불쌍히 여김을 받으리라

14 항상 경외하는 자는 복되거니와 마음을 완악하게 하는 자는 재앙에 빠지리라

15 가난한 백성을 압제하는 악한 관원은 부르짖는 사자와 주린 곰 같으니라

16 무지한 치리자는 포학을 크게 행하거니와 탐욕을 미워하는 자는 장수하리라

17 사람의 피를 흘린 자는 함정으로 달려갈 것이니 그를 막지 말지니라

18 성실하게 행하는 자는 구원을 받을 것이나 굽은 길로 행하는 자는 곧 넘어지리라

19 자기의 토지를 경작하는 자는 먹을 것이 많으려니와 방탕을 따르는 자는 궁핍함이 많으리라

20 충성된 자는 복이 많아도 속히 부하고자 하는 자는 형벌을 면하지 못하리라

21 사람의 낯을 보아 주는 것이 좋지 못하고 한 조각 떡으로 말미암아 사람이 범법하는 것도 그러하니라

22 악한 눈이 있는 자는 재물을 얻기에만 급하고 빈궁이 자기에게로 임할 줄은 알지 못하느니라

23 사람을 경책하는 자는 혀로 아첨하는 자보다 나중에 더욱 사랑을 받느니라

24 부모의 물건을 도둑질하고서도 죄가 아니라 하는 자는 멸망 받게 하는 자의 동류니라

25 욕심이 많은 자는 다툼을 일으키나 여호와를 의지하는 자는 풍족하게 되느니라

26 자기의 마음을 믿는 자는 미련한 자요 지혜롭게 행하는 자는 구원을 얻을 자니라

27 가난한 자를 구제하는 자는 궁핍하지 아니하려니와 못 본 체하는 자에게는 저주가 크리라

28 악인이 일어나면 사람이 숨고 그가 멸망하면 의인이 많아지느니라

다윗은 하나님 마음에 합한 왕이었습니다. 통일된 유다의 왕이 되었지만, 진정한 왕은 하나님인 것을 알고 자신은 그분의 '대리 통치자'인 것을 잘 깨달은 사람이었습니다. 물론 인간적인 연약함으로 죄를 지은 것도 있지만 하나님을 향한 사랑만큼은 누구와 비교할 수 없었습니다. 여호와 하나님이 계실 성전을 지어드리고 싶어, 모든 금과 은, 나무, 성전 설계도 등 완벽한 준비를 하였으나, 하나님은 성전건축만큼은 그의 아들 솔로몬에게로 넘기셨습니다. 다윗이 많은 전쟁을 치르느라 손에 피를 너무 많이 묻혔기 때문이었습니다.(역대기상 22:8)

그러나 하나님께서는 그의 마음을 높이 사 주셨습니다. 네가 내 집을 짓겠느냐? 내가 네 위를 지켜주겠다.(사무엘하 7:5)

북이스라엘의 왕조가 여러 번 바뀌는 동안 남유다의 다윗 왕조는 끝까지 변치 않고 지켜나갔습니다.

오늘날 우리가 사는 이 시대에도 다윗 같은 마음으로 제 일을 해나간다면 하나님은 우리의 일을 책임져 주시리라 믿습니다. 세상의 어떤 일을 맡게 될지라도 그것은 '하나님의 대리 통치자'로 일하는 것이라는 사실을 잊지 않는 것입니다.

세 번째 선거 때였습니다.

4년 동안 국회의원 배지는 없었으나 현역의원일 때와 다름없이 지역구 일에 전념했던 남편이 세 번째 선거를 맞았습니다. 날마다 기도하며 선거운동에 매진할 무렵 기도 중에 하나님이 말씀하셨습니다.

"그렇게 사람들 앞에 한 표 한 표 달라고 다니고 있구나. 정말 중요한 것을 알려 줄게. 먼저 하나님 앞에 무릎 꿇어라. 그러면 사람 백 명 붙여 줄게. 또 한 번 하나님 앞에 무릎 꿇어라. 그러면 사람 천 명 붙여 줄게."

먼저 그의 나라와 그의 의를 구하면 나머지 것은 하나님께서 다 알아서 해 주신다(마태복음 6:33)는 말씀이셨습니다. 그러나 우리는 종종 그 반대로 행하는 경우가 많지요. 먼저 사업을 잘 일구어 돈 많이 벌어 하나님 일에 쓰겠다고 약속을 한다거나, 자녀도 먼저 학원 보내고 세상에 이름 알리는 일에 전념하게 하고 나서 하나님께 영광 드리겠다고 한다든가 말이지요.

순서는 하나님의 나라와 그의 의를 구하는 게 먼저입니다. 그러면 나머지는 다 책임져 주십니다. 어려운 상황이었던 세 번째 선거에서 남편은 당당히 당선되었습니다. 하나님이 하셨습니다.

1 자주 책망을 받으면서도 목이 곧은 사람은 갑자기 패망을 당하고 피하지 못하리라

2 의인이 많아지면 백성이 즐거워하고 악인이 권세를 잡으면 백성이 탄식하느니라

3 지혜를 사모하는 자는 아비를 즐겁게 하여도 창기와 사귀는 자는 재물을 잃느니라

4 왕은 정의로 나라를 견고하게 하나 뇌물을 억지로 내게 하는 자는 나라를 멸망시키느니라

5 이웃에게 아첨하는 것은 그의 발 앞에 그물을 치는 것이니라

6 악인이 범죄하는 것은 스스로 올무가 되게 하는 것이나 의인은 노래하고 기뻐하느니라

7 의인은 가난한 자의 사정을 알아 주나 악인은 알아 줄 지식이 없느니라

8 거만한 자는 성읍을 요란하게 하여도 슬기로운 자는 노를 그치게 하느니라

9 지혜로운 자와 미련한 자가 다투면 지혜로운 자가 노하든지 웃든지 그 다툼은 그침이 없느니라

10 피 흘리기를 좋아하는 자는 온전한 자를 미워하고 정직한 자의 생명을 찾느니라

11 어리석은 자는 자기의 노를 다 드러내어도 지혜로운 자는 그것을 억제하느니라

12 관원이 거짓말을 들으면 그의 하인들은 다 악하게 되느니라

13 가난한 자와 포학한 자가 섞여 살거니와 여호와께서는 그 모두의 눈에 빛을 주시느니라

14 왕이 가난한 자를 성실히 신원하면 그의 왕위가 영원히 견고하리라

15 채찍과 꾸지람이 지혜를 주거늘 임의로 행하게 버려 둔 자식은 어미를 욕되게 하느니라

16 악인이 많아지면 죄도 많아지나니 의인은 그들의 망함을 보리라

17 네 자식을 징계하라 그리하면 그가 너를 평안하게 하겠고 또 네 마음에 기쁨을 주리라

18 묵시가 없으면 백성이 방자히 행하거니와 율법을 지키는 자는 복이 있느니라

19 종은 말로만 하면 고치지 아니하나니 이는 그가 알고도 따르지 아니함이니라

20 네가 말이 조급한 사람을 보느냐 그보다 미련한 자에게 오히려 희망이 있느니라

21 종을 어렸을 때부터 곱게 양육하면 그가 나중에는 자식인 체하리라

22 노하는 자는 다툼을 일으키고 성내는 자는 범죄함이 많으니라

잠언 읽고
잠언 쓰자

23 사람이 교만하면 낮아지게 되겠고 마음이 겸손하면 영예를 얻으리라

24 도둑과 짝하는 자는 자기의 영혼을 미워하는 자라 그는 저주를 들어도 진술하지 아니하느니라

25 사람을 두려워하면 올무에 걸리게 되거니와 여호와를 의지하는 자는 안전하리라

26 주권자에게 은혜를 구하는 자가 많으나 사람의 일의 작정은 여호와께로 말미암느니라

27 불의한 자는 의인에게 미움을 받고 바르게 행하는 자는 악인에게 미움을 받느니라

잠언 읽고
잠언 쓰자

한동안, 아니 아주 오랫동안 대중 앞에 서는 것을 부담스러워했습니다. 물론 나쁜 부담은 아니었어요. 건강한 예민함이라고 해야 할까요. 중요한 방송이나 강연을 앞두고는 긴장을 많이 했습니다. 그래도 '신은경'인데 잘해야 하잖아요. 준비도 꼼꼼히 많이 합니다. 생방송이나 강연 시작 전까지는 신경이 얼마나 예민해지는지 모릅니다. 평소엔 조용하고 부드럽던 성품이 일을 앞두고는 아주 날카롭고 깐깐한 사람으로 바뀝니다. 저도 왜 그런지 잘 모르겠더라고요. 그렇게 챙기고 준비하면 본 게임에선 또 잘하기도 하고요.

그런데 그다음이 문제였습니다. 강연이 아주 잘 되어 모두 훌륭하다고, 감동하였다고 하면 제 어깨가 으쓱해지는 것이었어요. 방송이 잘 되었다고 입을 모아 칭찬해주면 기분이 좋고 뿌듯했습니다. 그런데 반응이 시원치 않다던가, 별 특별하지 않은 결론이 나오면 제 기분이 아주 안 좋아지는 겁니다. 저의 노력을 잘 몰라주는 청중이나 시청자, 독자들에게 섭섭해지는 겁니다. 이런 것들이 반복되자 저 스스로 피곤해지기 시작했습니다. 이런 반복을 언제까지 해야 하나! 언제까지 청중과 시청자의 반응에 연연하며 이 일을 계속해야 하는가 하는 생각이 들었습니다.

그러다 '마당 쓰는 머슴' 설교를 듣고 크게 깨닫고 드디어 자유를 누리게 되었습니다. 우리는 이 세상에서 무슨 일을 맡아 하든, 마당 쓰는 머슴일 뿐이라는 것입니다. 머슴은 주인이 시키시는 대로 열심히 마당만 쓸면 됩니다. 종일 땀 흘리고 집안일을 하고 나면 주인께서 배불리 먹을 것을 주시고, 따뜻한 곳에서 재워 주십니다. 고단하게 노동을 했으니, 밥도 잠도 얼마나 달콤한지요.

그런데 우리는 종종 실수합니다. 착각합니다. 하나님이 주인이신 인생을 살면서 머슴인 주제에 주인이 해야 할 걱정을 내가 하며 삽니다. '우리 집값은 언제 오르나' 그런 쓸데없는 염려를 하는 겁니다. 그러니 입맛도 없어지고, 불면증도 생기게 되는 것이지요.

그런 깨달음을 얻은 후 이제 평안한 자유를 누립니다. 강연하게 되어도 주님이 시켜 가게 되었으니 쓰임 받을 기회를 주셔서 너무나 행복합니다. 그리고 열심으로 준비하고 최선을 다해 그 일에 임합니다. 더는 초조해하거나 조바심내지 않습니다. 때로 반응이 뜨거울 때도 있고, 간혹 그저 뜨뜻미지근할 때도 있더라고요. 하지만 괜찮습니다. 그 결과가 어떻든 저는 '참 잘했다' 칭찬하시며 무릎 꿇은 저의 머리를 쓰다듬어 주시는 주님을 생각하며 단잠을 잘 수가 있었답니다. 이제 강연 후, 방송 후 SNS에 게시물을 작성할 땐 언제나 해시태그 '#쓰임받은날'을 씁니다. 주님께 영광!

아굴의 잠언

1 이 말씀은 야게의 아들 아굴의 잠언이니 그가 이디엘 곧 이디엘과 우갈에게 이른 것이니라

2 나는 다른 사람에게 비하면 짐승이라 내게는 사람의 총명이 있지 아니하니라

3 나는 지혜를 배우지 못하였고 또 거룩하신 자를 아는 지식이 없거니와

4 하늘에 올라갔다가 내려온 자가 누구인지, 바람을 그 장중에 모은 자가 누구인지, 물을 옷에 싼 자가 누구인지, 땅의 모든 끝을 정한 자가 누구인지, 그의 이름이 무엇인지, 그의 아들의 이름이 무엇인지 너는 아느냐

5 하나님의 말씀은 다 순전하며 하나님은 그를 의지하는 자의 방패시니라

6 너는 그의 말씀에 더하지 말라 그가 너를 책망하시겠고 너는 거짓말 하는 자가 될까 두려우니라

7 내가 두 가지 일을 주께 구하였사오니 내가 죽기 전에 내게 거절하지 마시옵소서

8 곧 헛된 것과 거짓말을 내게서 멀리 하옵시며 나를 가난하게도 마옵시고 부하게도 마옵시고 오직 필요한 양식으로 나를 먹이시옵소서

9 혹 내가 배불러서 하나님을 모른다 여호와가 누구냐 할까 하오며 혹 내가 가난하여 도둑질하고 내 하나님의 이름을 욕되게 할까 두려워 함이니이다

10 너는 종을 그의 상전에게 비방하지 말라 그가 너를 저주하겠고 너는 죄책을 당할까 두려우니라

11 아비를 저주하며 어미를 축복하지 아니하는 무리가 있느니라

12 스스로 깨끗한 자로 여기면서도 자기의 더러운 것을 씻지 아니하는 무리가 있느니라

13 눈이 심히 높으며 눈꺼풀이 높이 들린 무리가 있느니라

14 앞니는 장검 같고 어금니는 군도 같아서 가난한 자를 땅에서 삼키며 궁핍한 자를 사람 중에서 삼키는 무리가 있느니라

15 거머리에게는 두 딸이 있어 다오 다오 하느니라 족한 줄을 알지 못하여 족하다 하지 아니하는 것 서넛이 있나니

16 곧 스올과 아이 배지 못하는 태와 물로 채울 수 없는 땅과 족하다 하지 아니하는 불이니라

17 아비를 조롱하며 어미 순종하기를 싫어하는 자의 눈은 골짜기의 까마귀에게 쪼이고 독수리 새끼에게 먹히리라

18 내가 심히 기이히 여기고도 깨닫지 못하는 것 서넛이 있나니

19 곧 공중에 날아다니는 독수리의 자취와 반석 위로 기어 다니는 뱀의 자취와 바다로 지나다니는 배의 자취와 남자가 여자와 함께 한 자취며

20 음녀의 자취도 그러하니라 그가 먹고 그의 입을 씻음 같이 말하기를 내가 악을 행하지 아니하였다 하느니라

21 세상을 진동시키며 세상이 견딜 수 없게 하는 것 서넛이 있나니

22 곧 종이 임금된 것과 미련한 자가 음식으로 배부른 것과

23 미움 받는 여자가 시집 간 것과 여종이 주모를 이은 것이니라

24 땅에 작고도 가장 지혜로운 것 넷이 있나니

25 곧 힘이 없는 종류로되 먹을 것을 여름에 준비하는 개미와

26 약한 종류로되 집을 바위 사이에 짓는 사반과

27 임금이 없으되 다 떼를 지어 나아가는 메뚜기와

28 손에 잡힐 만하여도 왕궁에 있는 도마뱀이니라

29 잘 걸으며 위풍 있게 다니는 것 서넛이 있나니

30 곧 짐승 중에 가장 강하여 아무 짐승 앞에서도 물러가지 아니하는 사자와

31 사냥개와 숫염소와 및 당할 수 없는 왕이니라

32 만일 네가 미련하여 스스로 높은 체하였거나 혹 악한 일을 도모하였거든 네 손으로 입을 막으라

33 대저 젖을 저으면 엉긴 젖이 되고 코를 비틀면 피가 나는 것 같이 노를 격동하면 다툼이 남이니라

잠언 읽고
잠언 쓰자

저는 요즘 제가 하는 일이 참 보람되고 재미있습니다. 성경을 낭독해 녹음하고 성경 과외를 하며 성경을 통전적으로 읽으실 수 있도록 도와드리는 일을 하고 있으니 얼마나 행복한지 모릅니다. 〈성경읽는 신권사〉 느헤미야 편을 녹음하고 있을 때도 큰 감동이 있었습니다.

느헤미야는 에스라와 함께 포로 귀환 백성들을 위해 성경 부흥 운동과 사회 개혁 운동을 했던 사람입니다. 그는 포로로 있었던 페르시아에서 높은 자리까지 올랐던 인물이지만, 아닥사스다 왕의 허락을 받아 고국의 무너진 성벽 재건을 위해 고향으로 돌아옵니다. 그리고 국방문제에 관심을 갖고 성벽 재건에 힘씁니다.

그는 스스로 청렴결백했습니다. 동족들을 상대로 높은 이자를 받으며 돈놀이를 하던 고관들을 책망하고 자신도 유다의 총독으로 세움 받은 후에도 12년 동안 나라의 녹을 받지 않습니다. 지도자는 노블레스 오블리주를 직접 실천하여야 힘을 가지고 백성을 인도할 수 있고, 진정한 사회 개혁을 할 수 있는 힘이 생깁니다.

느헤미야 8장은 감동입니다. 에스라와 느헤미야는 포로 귀환 백성들을 광장에 모두 모아놓고 새벽부터 한낮까지 율법 책을 낭독해 줍니다. 내용도 잘 이해하지 못하던 백성들은 모두 손을 들고 아멘, 아멘 합니다. 그런데 회중 가운데 가르치는 선생들이 곳곳에 서서 통역하고 해설해 주니 모두 엎드려 통곡하고 웁니다.

성경을 낭독하고 녹음하는 일, 성경을 읽을 수 있도록 강의하는 일. 얼마나 중요하고 은혜로운 일인지 확인시켜 주시는 시간이었습니다. 잠언과 시편은 각각 300만 회의 조회수를 기록했습니다. 얼마나 많은 분이 말씀을 사모하고 계신지 증명이 되는 순간입니다. 주님 감사합니다.

르무엘 왕을 훈계한 잠언

1 르무엘 왕이 말씀한 바 곧 그의 어머니가 그를 훈계한 잠언이라

2 내 아들아 내가 무엇을 말하랴 내 태에서 난 아들아 내가 무엇을 말하랴 서원대로 얻은 아들아 내가 무엇을 말하랴

3 네 힘을 여자들에게 쓰지 말며 왕들을 멸망시키는 일을 행하지 말지어다

4 르무엘아 포도주를 마시는 것이 왕들에게 마땅하지 아니하고 왕들에게 마땅하지 아니하며 독주를 찾는 것이 주권자들에게 마땅하지 않도다

5 술을 마시다가 법을 잊어버리고 모든 곤고한 자들의 송사를 굽게 할까 두려우니라

6 독주는 죽게 된 자에게, 포도주는 마음에 근심하는 자에게 줄지어다

7 그는 마시고 자기의 빈궁한 것을 잊어버리겠고 다시 자기의 고통을 기억하지 아니하리라

8 너는 말 못하는 자와 모든 고독한 자의 송사를 위하여 입을 열지니라

9 너는 입을 열어 공의로 재판하여 곤고한 자와 궁핍한 자를 신원할지니라

현숙한 아내

10 누가 현숙한 여인을 찾아 얻겠느냐 그의 값은 진주보다 더 하니라

11 그런 자의 남편의 마음은 그를 믿나니 산업이 핍절하지 아니하겠으며

12 그런 자는 살아 있는 동안에 그의 남편에게 선을 행하고 악을 행하지 아니하느니라

13 그는 양털과 삼을 구하여 부지런히 손으로 일하며

14 상인의 배와 같아서 먼 데서 양식을 가져 오며

15 밤이 새기 전에 일어나서 자기 집안 사람들에게 음식을 나누어 주며 여종들에게 일을 정하여 맡기며

16 밭을 살펴 보고 사며 자기의 손으로 번 것을 가지고 포도원을 일구며

17 힘 있게 허리를 묶으며 자기의 팔을 강하게 하며

18 자기의 장사가 잘 되는 줄을 깨닫고 밤에 등불을 끄지 아니하며

19 손으로 솜뭉치를 들고 손가락으로 가락을 잡으며

20 그는 곤고한 자에게 손을 펴며 궁핍한 자를 위하여 손을 내밀며

21 자기 집 사람들은 다 홍색 옷을 입었으므로 눈이 와도 그는 자기 집 사람들을 위하여 염려하지 아니하며

22 그는 자기를 위하여 아름다운 이불을 지으며 세마포와 자색 옷을 입으며

잠언 읽고
잠언 쓰자

23 그의 남편은 그 땅의 장로들과 함께 성문에 앉으며 사람들의 인정을 받으며

24 그는 베로 옷을 지어 팔며 띠를 만들어 상인들에게 맡기며

25 능력과 존귀로 옷을 삼고 후일을 웃으며

26 입을 열어 지혜를 베풀며 그의 혀로 인애의 법을 말하며

27 자기의 집안 일을 보살피고 게을리 얻은 양식을 먹지 아니하나니

28 그의 자식들은 일어나 감사하며 그의 남편은 칭찬하기를

29 덕행 있는 여자가 많으나 그대는 모든 여자보다 뛰어나다 하느니라

30 고운 것도 거짓되고 아름다운 것도 헛되나 오직 여호와를 경외하는 여자는 칭찬을 받을 것이라

31 그 손의 열매가 그에게로 돌아갈 것이요 그 행한 일로 말미암아 성문에서 칭찬을 받으리라

성경 말씀을 듣고, 읽고, 필사해 보십시오!
그러면 당신의 인생이 변할 것입니다.

지혜의 말씀으로 가득한 잠언을 필사하시면서 말씀이 삶이 되는 기적을 경험해 보시길 소망합니다.

위대한 작가들은 습작 시절, 자신이 존경하는 작가들의 작품을 끊임없이 베껴 쓰고 또 베껴 썼다는 이야기가 있지요. 그렇게 필사하는 사이 그 작가의 숨결과 어휘와 사상을 배울 수 있고, 어느새 그 존경하는 작가처럼 자신도 생각하고, 쓰게 되었다고 고백합니다.

이 세상에서 가장 소중한 책 한 권을 선택하라고 하면 단연 성경책을 들 수가 있습니다. 그 가운데 은혜로운 구절들을 필사해 보신 분이 많으실 겁니다. 교회마다 새해 이벤트로 성경 필사를 하기도 하고 잘 실천하신 분들께는 상을 드리기도 합니다.

그렇게 곱게 쓴 필사 노트는 자녀나 손주에게 남겨주는 위대한 유산이 되기도 합니다. 이 책《잠언 읽고 잠언 쓰자》도 곱게 정성껏 필사하셔서 사랑하는 사람에게 선사하면 아주 좋은 선물이 될 겁니다.

K-컬처가 큰 영향력을 끼치고 있습니다. 한국의 노래, 아이돌 가수, 한국 음식 모두 세계인의 관심을 받고 있습니다. 한국어에 대한 외국인의 관심도 함께 커지고 있습니다. 얼마나 기쁜 소식인지 모릅니다. 앞으로 저의 소망과 기도가 있다면, 한국어를 공부하고 싶어 하는 외국인들이 신은경 권사가 읽는 성경을 듣고 예수를 믿게 되고, 한국어를 배울 수 있다면 좋겠습니다. 아무래도 정확하고 모범적인 한국어를 구사하는 대한민국 대표 아나운서의 녹음이니, 귀 기울여 듣고, 따라 말하고 배우면 좋지 않을까요? 한국어도 배우고 복음도 받아들이면 좋겠습니다.

아침 묵상 시간에 모닝 페이지 석 장을 매일 쓰면서 잠언 필사 책을 내고 싶다는 생각이 떠올랐습니다. 이 생각에 흔쾌히 응답해 주신 마음의숲 신혜경, 권대웅 대표님께 감사드립니다. 편집 과정에 세심함을 보태주신 조혜민 에디터님, 책을 예쁘게 디자인해 주신 박소희 실장님, 김은아 부장님, 책이 나아갈 길을 다듬어 주신 정진희 마케터님 감사합니다.

로스쿨을 졸업하고 나서 7월 말 변호사 시험(Bar Exam)을 앞두고 하루에 7~8시간씩 공부하는 딸에게 제가 이렇게 격려했습니다.

"그래, 엄마는 떡을 썰 테니 너는 열심히 공부하거라."

한석봉 어머니처럼 공부하는 딸 옆에서 열심히 떡을 썬(원고를 쓴) 이 엄마가 이제 드디어 책을 완성합니다. 저의 인생 사명 선언서에 따라 책을 쓰고, 강연하고, 성경녹음과 성경 강의하며 하나님께 쓰임 받는 저의 요즘 생활이 참 신기하고 감사합니다.

끝으로, 책을 쓰는 동안 때로 채근하며 격려하며, 말없이 응원해 준 남편 박성범에게 특별히 마음속 깊이 감사드립니다.

하나님께 영광! Ad Majorem Dei Gloriam!

잠언 읽고 잠언 쓰자

1판 1쇄 발행 2024년 7월 1일
1판 3쇄 발행 2024년 12월 12일

글   신은경
발행인   신혜경
발행처   마음의숲

편집이사   권대웅
편집   조혜민
디자인   박소희
마케팅   노근수

출판등록   2006년 8월 1일(2006 - 0001595호)
주소   서울시 마포구 와우산로30길 36 마음의숲빌딩(창전동 6 - 32)
전화   (02) 322 - 3164~5 | 팩스 (02) 322 - 3166
이메일   maumsup@naver.com
인스타그램   @maumsup
용지 월드페이퍼(주) 인쇄 · 제본 (주)상지사 P&B

ISBN   979-11-6285-152-4 (03230)